In 24 Tagen ist Weihnachten

Erwin Grosche

In 24 Tagen ist Weihnachten

Vorlesegeschichten für die Adventszeit

Mit Bildern von Heike Herold

Gabriel

Inhalt

1

Gespannt wie ein Flitzebogen

»Wie lange noch?«, fragte Laura und öffnete das erste Türchen ihres Adventskalenders. Auf dem Bild war eine brennende Kerze zu sehen. Laura lächelte und schlüpfte in ihr Bett.

»Wie oft muss ich noch schlafen?«, fragte Laura und kuschelte sich in ihre Kissen.

»Bis es Weihnachten ist, musst du noch dreiundzwanzigmal schlafen«, sagte Lauras Mutter.

»Was?«, schrie Laura. »So lange kann ich nicht warten.«

Lauras Mutter lachte.

»Warte mal ab«, sagte sie. »Ich erzähle dir eine Geschichte, dann vergeht die Zeit wie von selbst.«

Und Lauras Mutter begann zu erzählen.

Es war einmal ein Mädchen, das hieß Laura. Laura konnte nicht gut warten. Eines Tages begann die Adventszeit.

Die erste Kerze auf dem Adventskranz brannte und erinnerte daran, dass noch drei weitere Kerzen brennen mussten, bis das Christkind vor der Tür stand.

Lauras Vater war Flugzeugpilot und an diesem Tag nicht da, aber Lauras Mutter und Lieblingsonkel Rolf saßen mit vor dem Adventskranz und sangen aus vollem Halse:

»Stille Nacht, heilige Nacht, alles schläft, keiner wacht.«

Laura schaute aus dem Fenster: »Nur Papa bringt die Leute in seinem Flugzeug sicher dorthin, wo es schneit.«
Onkel Rolf trat neben Laura und sagte: »Warte mal ab, auch hier wird es bald schneien.«
Laura wollte sich zu Weihnachten einen Schlitten wünschen, aber wenn es nicht schneien würde, dann konnte sie mit einem Schlitten auch nicht viel anfangen.
»Immer warten!«, sagte Laura. »Ich kann weder darauf warten, dass es schneit, noch dass es Weihnachten wird.«
»Die Vorfreude ist doch die schönste Freude«, sagte Lauras Mutter und gab ihr einen Spekulatius.
»Ich kann nicht gleichzeitig warten und mich freuen«, sagte Laura und biss kräftig in den Spekulatius hinein.
Onkel Rolf schüttelte den Kopf und sagte: »Ich kenne ein Wartegedicht. Das kann man immer dann sprechen, wenn die Zeit nicht vergehen will.«
»Was ist das denn für ein komisches Wartegedicht?«, fragte Laura, die keine Gedichte mochte und sich unter Wartegedichten sowieso nichts vorstellen konnte.
Onkel Rolf ließ sich nicht entmutigen. »Pass auf«, sagte er und legte los:

»Tik tak, tik tak dideldum
gehen die Sekunden um,
wenn sie sich stets sputen,
werden sie Minuten.
Und nach sechzig Runden
werden sie zu Stunden.
Vierundzwanzig hat der Tag,
wer die Nacht erwarten mag,
spricht ganz langsam dies Gedicht,
geht ins Bett und löscht das Licht.«

Laura hörte ihrem Onkel gebannt zu. Schon beim Zuhören war die Zeit so schnell und wundervoll vergangen, dass sie gar nicht mehr wusste, dass sie mal gewartet hatte.
»Jetzt schließ die Augen«, sagte Onkel Rolf, »sprich ganz langsam das Wartegedicht und stell dir vor, es wäre Weihnachten.«
Laura schloss die Augen und begann zu sprechen:

»Tik tak, tik tak dideldum …«

Plötzlich dachte Laura an das Weihnachtsfest. Vor ihr waren Geschenke aufgebaut, aber sie waren so verpackt, dass man nicht erkennen konnte, was in den Schachteln und Kisten verborgen war. Laura suchte ihren Schlitten, aber sie konnte ihn zwischen all den Geschenkpaketen nicht entdecken. Sie wollte aus dem Fenster schauen, ob es dort schneite, aber die Rollladen waren heruntergelassen.
Laura öffnete die Augen und sah Onkel Rolf und ihre Mutter, die Spekulatius knabberten.

»Nun«, fragte ihre Mutter, »was hast du gesehen?«
»Ich habe viel gesehen, aber ich konnte nichts erkennen. Nun bin ich auf das echte Weihnachtsfest gespannt wie ein Flitzebogen.«
Onkel Rolf und Lauras Mutter lachten.
»Das nennt man Vorfreude«, sagte die Mutter, »je schöner wir uns die Adventszeit machen, umso schöner wird auch das Weihnachtsfest.«
In dem Augenblick flog ein Flugzeug über das Haus und Laura winkte aus dem Fenster. Es konnte ja ihr Vater sein.

2

Im Wartezimmer

»Wie lange noch?«, fragte Laura und öffnete das zweite Türchen ihres Adventskalenders. Auf dem Bild war ein Stuhl zu sehen, auf dem niemand saß. Laura lächelte und schlüpfte in ihr Bett.
»Wie oft muss ich noch schlafen?«, fragte Laura und kuschelte sich in ihre Kissen.
»Bis es Weihnachten ist, musst du noch zweiundzwanzigmal schlafen«, sagte Lauras Mutter.
»Was?«, schrie Laura. »So lange kann ich nicht warten.«
Lauras Mutter lachte.
»Warte mal ab«, sagte sie. »Ich erzähle dir eine Geschichte, dann vergeht die Zeit wie von selbst.«
Und Lauras Mutter begann zu erzählen.
Es war einmal ein Mädchen, das hieß Laura. Laura konnte nicht gut warten. Eines Tages war Laura krank und hatte Schnupfen. Zum Glück gab es Doktor Stark. Als der Schnupfen nicht weggehen wollte, ging die Mutter mit Laura zu ihm.
Doktor Starks Praxis war in einem Ärztehaus, in dem auch ein Tierarzt und ein Augenarzt waren.
Lauras Mutter wollte in der gleichen Zeit zum Augenarzt gehen, weil sie eine Lesebrille brauchte, und ließ Laura vor Doktor Starks Wartezimmer aus dem Aufzug.

»Ich lasse mir nur eine Brille verschreiben«, sagte Lauras Mutter, »dann komm ich sofort zu dir und hol dich ab.«

Laura gab ihrer Mutter einen Kuss und betrat dann das Wartezimmer. Ein Wartezimmer war ein Raum, in dem man warten musste, bis man an die Reihe kam. Dort wartete ein Mädchen mit einem Papageien, ein Mann mit zwei zitternden Meerschweinchen und ein kleiner Junge und ein großer Junge mit einem Hund, der einen Ball zwischen den Zähnen hielt. In der Ecke stand ein alter Mann, der eine klitzekleine Schildkröte auf dem Arm trug.

»Leise rieselt der Schnee«, sang plötzlich der Papagei so heiser, dass Laura nur verstand: »Leise trink ich den Tee.« Laura lächelte und schaute verträumt aus dem Fenster. Draußen musste es glatt sein. Autos schoben sich langsam und vorsichtig den Berg hinauf, aber es schneite nicht. Laura wunderte sich, dass sie die Einzige war, die ohne ein Tier gekommen war, und wollte gerade ihr Wurstbrot aufessen, da ging die Tür auf.

»Der Nächste, bitte«, sagte eine Frau im weißen Kittel und der Mann mit den zwei zitternden Meerschweinchen verließ das Wartezimmer.

»Was ist denn mit eurem Hund los?«, fragte Laura den kleineren und den größeren Jungen.

»Das ist nicht mein Hund, das ist sein Hund«, sagte der kleinere Junge und zeigte auf den größeren Jungen.

»Und was ist mit dem Hund los?«, fragte Laura wieder.

»Der Hund hat einen Ball, den er nicht abgeben will«, sagte der größere Junge.

»Und was ist das Besondere an diesem Ball?«, fragte Laura und zog ihre Handschuhe aus.

»Das ist mein Ball«, sagte der kleinere Junge, »und ich will ihn wiederhaben.«

Laura lachte, bis sie husten musste, und der alte Mann hielt die Schildkröte schützend unter seine Jacke. In diesem Augenblick kam der Mann

mit den beiden Meerschweinchen zurück in das Wartezimmer. Die Meerschweinchen zitterten nicht mehr, trugen aber eine sonderbare Kopfbedeckung und waren in eine rote Decke mit weißem Fell gehüllt, als wäre ihnen vorher kalt gewesen.
Komisch, dachte Laura, seit wann kümmert sich denn der Kinderarzt Doktor Stark um Tiere?
Die Wartezimmertür ging wieder auf.
»Der Nächste, bitte«, sagte die Frau im weißen Kittel.
Das Mädchen mit dem Papageien erhob sich und verließ den Raum, Laura wartete darauf, dass der Papagei wieder sein Lied vom rieselnden Schnee anstimmen würde, aber diesmal blieb er stumm und krächzte nur ein wenig heiser.
»In diesem Wartezimmer kann man wirklich gut warten«, sagte Laura zu dem alten Mann, der nur nickte und dabei den Panzer der kleinen Schildkröte streichelte.
Lauras Mutter hatte Laura ein Wurstbrot mitgegeben. Sie wollte es gerade auffuttern, als der Hund zu ihr lief und sie bettelnd mit dem Ball im Maul anschaute. Laura hatte plötzlich eine Idee. Sie hielt dem Hund ein Stück Wurst hin, der gierig danach schnappte und dadurch

den Ball freigab. Schnell hob der kleinere Junge seinen Ball auf und schaute Laura dankbar an.
»Danke«, sagte auch der größere Junge, »das war eine tolle Idee. Manchmal muss man nur gut warten können, dann hat jemand eine tolle Idee.«
Laura nickte. Die beiden Jungen verließen mit Hund und Ball den Raum. Nun saß sie allein mit dem alten Mann und seiner Schildkröte im Wartezimmer. Sie wollte gerade fragen, warum der Mann seine Schildkröte dabeihatte, als wieder die Wartezimmertür aufging und das Mädchen mit dem Papageien zurückkam.
»Leise rieselt der Schnee«, sang diesmal stolz der Papagei und man hörte kein Krächzen mehr. Laura sang lachend mit.
»Das wurde auch Zeit«, sagte das Mädchen, »Doktor Braunert hat meinem Papageien Antiheisertropfen gegeben und auf einmal kann er singen wie ein Engel.«
»Doktor Braunert?«, fragte Laura verwundert.
»Ja«, sagte das Mädchen, »wir sind hier beim Tierarzt Doktor Braunert.«
»Oje«, sagte Laura, »dann hat meine Mutter ohne Brille wieder alles falsch gesehen. Ich muss doch wegen meinem Schnupfen zu Doktor Stark.«
Das Mädchen zuckte mit den Schultern, setzte sich ihre Pudelmütze auf und ging mit ihrem Papageien nach Hause.
Laura überlegte, was sie tun sollte. In diesem Augenblick kam der alte Mann auf sie zu und hielt ihr die Schildkröte hin.
»Du hast kein Tier«, sagte er. »Möchtest du vielleicht eine Schildkröte haben?«
Laura hatte sich schon immer eine Schildkröte gewünscht, aber jetzt war sie doch überrascht.
»Ich habe die Schildkröte in meiner Wohnung gefunden. Niemand weiß, wie sie dorthin gekommen ist«, sagte der alte Mann.
In diesem Augenblick kam Lauras Mutter in das Wartezimmer und rief:

»Komm, mein Schatz. Hier wartest du umsonst. Hier arbeitet der Tierarzt und wir müssen doch zum Kinderarzt Doktor Stark.«
Laura nahm die Schildkröte in ihre Hände. Sie passte so genau hinein, als hätte sie dort immer gewohnt.
»Ich bin hier schon richtig«, sagte Laura. »Bitte, Mama, darf ich mich um diese kleine Schildkröte kümmern? Der Mann dort hat sie mir geschenkt.«
Lauras Mutter schaute sich den Mann genau an, der sie freundlich anlächelte und sagte: »Ich habe diese Schildkröte in meiner Wohnung gefunden. Sie ist noch so klein, dass sie keinen Winterschlaf hält. Ich habe erst gedacht, irgendein Patient von Doktor Braunert wird sie vielleicht vermissen, aber bisher hat sich niemand gemeldet. Schon den ganzen Tag warte ich in diesem Wartezimmer auf den richtigen Besitzer und vorhin kam Ihre Tochter ohne ein Tier in diesen Raum und da wusste ich, was zu tun war.«
Laura schaute flehend zu ihrer Mutter. Lauras Mutter überlegte kurz und sagte dann: »Meine Tochter hat zwar kein Tier, aber einen Schnupfen. Wenn Sie warten können, bis wir von Doktor Stark zurückkommen, dann soll mir Ihre Schildkröte willkommen sein.«
Laura war glücklich, strahlend bat sie den alten Mann, noch so lange auf ihre Schildkröte aufzupassen, bis sie wiederkam.
»Wie heißt denn deine Schildkröte?«, fragte der alte Mann.
Laura überlegte, dann dachte sie an ihren Lieblingsonkel Rolf und sagte: »Wer so lieb ist wie diese Schildkröte, muss Rolfi heißen, oder?«
Rolfi schaute sie an und nickte.

3

Kapitän Hatschi

»Wie lange noch?«, fragte Laura und öffnete das dritte Türchen ihres Adventskalenders. Auf dem Bild war ein Weihnachtspaket zu sehen. Laura lächelte und schlüpfte in ihr Bett.
»Wie oft muss ich noch schlafen?«, fragte Laura und kuschelte sich in ihre Kissen.
»Bis es Weihnachten ist, musst du noch einundzwanzigmal schlafen«, sagte Lauras Mutter.
»Was?«, schrie Laura. »So lange kann ich nicht warten.«
Lauras Mutter lachte.
»Warte mal ab«, sagte sie. »Ich erzähle dir eine Geschichte, dann vergeht die Zeit wie von selbst.«
Und Lauras Mutter begann zu erzählen.
Es war einmal ein Mädchen, das hieß Laura. Laura konnte nicht gut warten. Eines Tages stand sie mit ihrer Mutter am Paketschalter der Post. Lauras Mutter trug ein Paket in der Hand. Es war ein Weihnachtspaket für Tante Anni, bis zum Rand mit Taschentüchern vollgestopft! Tante Anni wohnte in den schneebedeckten Alpen, hatte immer Schnupfen und erkältete sich leicht, weil sie nicht so gerne dicke Pullover trug. Da wollte Lauras Mutter sie zum Weihnachtsfest mit vielen Taschentüchern überraschen.
Gibt es denn ein schöneres Geschenk für die kalten Tage als ein Ta-

schentuch, mit dem man sich die Nase putzen kann? Laura hatte noch immer Husten und Schnupfen und wusste, was für ein großer Nieser sich dann zu Wort meldete. Plötzlich ging es los. Laura spürte es in ihrer Nase kribbeln und krabbeln. Zuerst dachte sie, eine Gruppe Ameisen hätte sich dorthin verirrt und deswegen juckte und kratzte es so. Aber dann wusste sie, wer dort war. Es war ganz deutlich. Kapitän Hatschi war unterwegs. Laura sollte Husten- und Schnupfenbesuch bekommen und der kribbelte schon kräftig an ihrer Nase, als wäre es eine Türglocke. Oh, wie das juckte und zuckte.

Lauras Mutter füllte gerade die Paketkarte aus, als sie ihre Tochter unruhig auf und ab laufen sah. Die anderen Postkunden schauten auch erstaunt, wie Laura zwischen den Regalen mit den Weihnachtskarten verschwand und dann wieder mit weit geöffnetem Mund auftauchte.

»Was ist denn los?«, fragte ihre Mutter.

»Ich warte auf Kapitän Hatschi und er kommt nicht«, sagte Laura.

Lauras Mutter verstand nur Kapitän Hatschi und das half ihr nicht weiter.

»Er kommt. Er kommt«, flüsterte Laura plötzlich und verzog dabei das Gesicht wie bei einem Grimassenwettbewerb.

»Was?«, fragte ihre Mutter. »Kapitän Hatschi besucht deinen Schnupfen?«

»Ja«, sagte Laura, »ich kann es kaum erwarten, dass er kommt. Er kribbelt doch so.«

Lauras Mutter stellte sich mit der Paketkarte und dem Geschenkpaket für Tante Anni am Schalter an.
»Sei doch nicht so ungeduldig«, sagte sie. »Hättest du Erkältungstropfen genommen, dann wärst du jetzt nicht mehr erkältet.«
Laura verzog wieder ihr Gesicht, als wäre sie ein Clown. Die anderen Postkunden schauten verwundert zu und wussten nicht, ob sie lachen durften oder nicht. Dann war es so weit. Lauras Mutter war gerade an der Reihe, als sie hinter sich einen Luftzug spürte. Laura hatte ihren Kopf nach hinten gestreckt, die Augen geschlossen, als sich Kapitän Hatschi vorstellte: »HA-HA-HA-HA-«, stammelte er, als hätte er plötzlich seinen Namen vergessen. Der Postbeamte packte schnell seine lose herumliegenden Weihnachtssondermarken in die Schublade. Er spürte, dass ein Piratenwind im Anzug war.
»HA-HA-HA-HA-«, stammelte nun wieder Kapitän Hatschi. Die anderen Postkunden hielten inzwischen ihre Hüte und Pakete fest und schauten sich ängstlich um.
Endlich war es so weit. Laura musste niesen:
»HA«, machte es wie ein Donnerknall und das »TSCHI« kam sofort danach. HATSCHI! Laura hatte lange auf ihn warten müssen und nun war Kapitän Hatschi da und begrüßte die Welt mit seinem wundervollen Namen. Als wollten die anderen Postkunden auch Kapitän Hatschi zurückgrüßen, spürten sie nun ebenfalls dieses Kribbeln in der Nase.

»HA-HA-HA-HA-HATSCHI«, niesten alle wie auf Kommando und standen mit laufender Nase auf dem Postamt herum. Sie atmeten danach erleichtert auf und lächelten sich an. Der

Postbeamte schaute verwundert von Tante Annis Weihnachtspaket auf. So viele Menschen mit laufenden Nasen hatte er selten vor seinem Schalter stehen. Er warf das Paket mit den Taschentüchern in den großen Postsack, als Laura dadurch eine Idee bekam. Was für Tante Anni gut war, musste auch für andere gut sein. Schnell holte sie ihre Tempotaschentücher aus der Tasche und streckte sie allen erstaunten Postkunden entgegen. Was war das für ein Weihnachts-Nasenputzkonzert. Tröt und pröt und tut und hup schmetterten die Nasen ihre Töne heraus. Ach, gibt es denn ein schöneres Geschenk für die kalten Tage als ein Taschentuch, mit dem man sich die Nase putzen kann?
Laura war zufrieden. Das Warten hatte sich gelohnt. Kapitän Hatschi kam und ging, bis zum nächsten Wiederhören.

4

Renn, Rolfi, renn!

»Wie lange noch?«, fragte Laura und öffnete das vierte Türchen ihres Adventskalenders. Auf dem Bild war eine Schildkröte zu sehen. Laura lächelte und schlüpfte in ihr Bett.

»Wie oft muss ich noch schlafen?«, fragte Laura und kuschelte sich in ihre Kissen.

»Bis es Weihnachten ist, musst du noch zwanzigmal schlafen«, sagte Lauras Mutter.

»Was?«, schrie Laura. »So lange kann ich nicht warten.«

Lauras Mutter lachte.

»Warte mal ab«, sagte sie. »Ich erzähle dir eine Geschichte, dann vergeht die Zeit wie von selbst.«

Und Lauras Mutter begann zu erzählen.

Es war einmal ein Mädchen, das hieß Laura. Laura konnte nicht gut warten. Eines Tages war es wieder so weit. Das große Schildkrötenrennen auf dem Weihnachtsmarkt sollte stattfinden. Während die anderen Schildkröten ihren Winterschlaf hielten, durften die jüngsten Schildkröten zeigen, was sie konnten.

Lauras Schildkröte Rolfi war genau so alt, dass sie bei diesem Rennen mitmachen durfte. Rolfi konnte den Kopf ganz schnell in den Panzer ziehen, wenn man ihn daran berührte. Ansonsten war Rolfi eher langsam und trotzdem Lauras ganzer Schatz.

Rolfi soll die Weihnachtsschildkröte des Jahres werden, dachte Laura und ging mit ihm zur Rennhütte auf den Weihnachtsmarkt.
Es hatte immer noch nicht geschneit. Aber es war so kalt, dass man seinen eigenen Atem sehen konnte.
In der Hütte war es zum Glück warm. Lauras Vater war mitgekommen und fror. Er hatte nur seine Pilotenuniform an und zitterte darin wie ein Schneider. Erst in der warmen Rennhütte bekam er wieder Farbe im Gesicht und holte sich sofort einen Glühwein. In der Hütte konnte man Weihnachtslieder hören, die vom Kettenkarussell nebenan herüberschallten. Sieben andere Kinder standen neben Laura und hielten ebenfalls ihre Schildkröten in den Händen. Vor ihnen war der Start der Rennstrecke, die in acht Einzelbahnen aufgeteilt war. Die Bahnen mündeten am anderen Ende der Hütte ins Ziel. Laura konnte kaum erwarten, dass das Rennen losging. Sie hatte ihre Schildkröte extra für das Rennen herausgeputzt und den Panzer mit einem Tuch zum Glänzen gebracht.
»Oh Rolfi, was bist du schön«, flüsterte Laura und gab Rolfi einen Kuss.
Sie fand, wenn es einen Preis für die schönste Schildkröte geben würde, dann hätte Rolfi diesen Preis verdient. Neben der Rennstrecke stand ein Mann mit einer roten Nikolausmütze und achtete darauf, dass beim Rennen alles mit rechten Dingen zuging.
Lauras Vater hatte vom Glühwein ganz rote Wangen bekommen und hatte endlich wieder gute Laune. »Wie soll denn Rolfi ein Rennen gewinnen?«, lachte er. »Rolfi ist doch so langsam wie eine Schnecke.«
Laura guckte ihren Vater böse an und murmelte: »Pssst, du musst Rolfi Mut machen, sonst bekommt er Angst.«
Rolfi war die kleinste Schildkröte von allen und bewegte sich so wenig, als wäre er aus Marzipan.
Der Mann mit der roten Mütze bat alle Kinder, die Schildkröten auf den Start zu setzen. Dann hob er eine Fahne und begann mächtig damit zu

winken. Das Rennen begann. Sofort feuerten alle ihre Schildkröten an und die Schildkröten krabbelten los.
»Renn, Rolfi, renn!«, schrie auch Laura, aber Rolfi blieb genau da stehen, wo Laura ihn abgesetzt hatte.
Laura wurde ungeduldig. Sie wollte, dass Rolfi endlich loskrabbelte und alle anderen Schildkröten hinter sich ließ.
»Renn, Rolfi, renn!«, schrie Laura, aber Rolfi hatte beschlossen erst mal stehen zu bleiben und den anderen Schildkröten beim Wegkrabbeln zuzugucken.
Lauras Vater lachte. »Typisch Rolfi«, sagte er, »der ist genauso langsam wie du beim Zimmeraufräumen.«
»Lass Rolfi in Ruhe«, sagte Laura und pustete ihre Schildkröte an, doch auch dadurch ließ er sich nicht bewegen loszukrabbeln.
»Wenn Rolfi gewinnt«, sagte ihr Vater, »dann darfst du dreimal mit dem Weihnachtskarussell fahren.«
»Ist das eine Wette?«, fragte Laura. »Dann mache ich mit.«
Fast alle Schildkröten hatten schon das Ziel erreicht und trotzdem kam bei den Besitzern kein Jubel auf. Wieso denn bloß?
Laura wartete darauf, dass das Rennen abgebrochen wurde, aber alle schauten gespannt auf Rolfi und eine Schildkröte auf Bahn 7, die fast genauso langsam war. Laura schaute sich ungeduldig um. Jetzt galt es nicht nur, die Weihnachtsschildkröte des Jahres zu werden, sondern auch noch die Wette mit dem Vater zu gewinnen. Inzwischen standen alle übrigen Teilnehmer um Rolfi herum und Lauras Vater schrie: »Renn, Rolfi, renn!« Doch Rolfi schaute von einem zum andern und ließ sich nicht beirren. Er blieb, wo er war.
»Er ist halt kein Renn-Tier«, sagte Laura und glaubte schon Rennen und Wette verloren zu haben. Plötzlich hob der Mann mit der roten Mütze seine Fahne und wedelte damit heftig hin und her. Aus den Lautsprechern draußen erklang festliche Musik und der Schiedsrichter in der

Hütte verkündete: »Wir haben einen Gewinner. Die Weihnachtsschildkröte des Jahres heißt in diesem Jahr Rolfi und ihre Besitzerin Laura Leininger lebe hoch.« Alle klatschten und jubelten. Laura verstand die Welt nicht mehr. Jetzt hatte sie so lange gewartet, dass ihre Schildkröte gewinnen würde, und dann hatte sie tatsächlich gewonnen.

»Warum hat Rolfi gewonnen?«, fragte Lauras Vater ganz entgeistert den Schiedsrichter.
Der Mann mit der roten Mütze lachte. »Bei diesem Schildkrötenrennen gewinnt nicht das Tier, das als Erstes durchs Ziel kommt, sondern das Tier, das als Letztes durchs Ziel kommt.«
Lauras Vater nickte. Er hatte verstanden. So hatte Lauras Schildkröte nicht nur den Preis gewonnen, sondern Laura auch noch ihre Wette.
»Das hab ich gar nicht gewusst«, frohlockte sie, »dass dies ein Rennen ist, wo der Letzte gewinnt.«
Was war das eine Freude. Laura nahm Rolfi in die Hände und gab ihm einen dicken Kuss. Rolfi aber schaute weiter erstaunt von einem zum andern.
»Warten ist gar nicht so schwer«, sagte Laura zu ihrem Vater. »Es ist aber einfacher, wenn man weiß, worauf man wartet.«
Und jetzt konnte sie sich auf drei Fahrten mit dem Weihnachtskarussell freuen.

5

Das Weihnachtswunderland

»Wie lange noch?«, fragte Laura und öffnete das fünfte Türchen ihres Adventskalenders. Auf dem Bild war ein Kamel zu sehen. Laura lächelte und schlüpfte in ihr Bett.
»Wie oft muss ich noch schlafen?«, fragte Laura und kuschelte sich in ihre Kissen.
»Bis es Weihnachten ist, musst du noch neunzehnmal schlafen«, sagte Lauras Mutter.
»Was?«, schrie Laura. »So lange kann ich nicht warten.«
Lauras Mutter lachte.
»Warte mal ab«, sagte sie. »Ich erzähle dir eine Geschichte, dann vergeht die Zeit wie von selbst.«
Und Lauras Mutter begann zu erzählen.
Es war einmal ein Mädchen, das hieß Laura. Laura konnte nicht gut warten. Eines Tages schlenderte Laura mit ihrem Vater, dem Piloten, über den Weihnachtsmarkt. Es roch nach warmen Mandeln und Popcorn. Ein Mann hauchte seine Hände warm und schrie dabei: »Leckere Maroni. Kaufen Sie Maroni.« Laura knabberte an einem Riesenballen Zuckerwatte und hatte davon einen ganz klebrigen Mund. Am Anfang einer kleinen Gasse entdeckte sie ein Schild, auf das Kamele auf einem Karussell gemalt waren. »Zum Weihnachtswunderland« war auf dem Schild zu lesen.

Sofort lief Laura auf das Karussell zu, das genau vor einem McDonald's aufgebaut war. Wie enttäuscht war Laura, als anstatt der Kamele nur Autos auf dem Karussell zu sehen waren.
»Ein Weihnachtswunderland habe ich mir anders vorgestellt«, sagte Lauras Vater, der als Pilot weit herumkam und so etwas wissen musste.
Laura seufzte.
»Vor allen Dingen ohne Autos«, sagte sie.
So ein Pech. Jetzt hatte Lauras Vater erlaubt, dass sie dreimal auf einem Karussell fahren durfte, und dann waren keine Kamele da, sondern nur blöde Autos.
Um das Karussell herum standen viele Väter und Mütter mit ihren Kindern, die ebenso enttäuscht waren.
»Wo sind denn die Kamele geblieben?«, fragten alle.
Aus dem kleinen Kassenhäuschen schaute ein kleiner dicker Mann mit einem weißen Bart und einer roten Mütze heraus und sagte: »Tut mir leid. Wir haben die Tiere zum Ausbessern gebracht. Sie konnten mal wieder einen neuen Anstrich vertragen.« Der kleine dicke Mann mit der roten Mütze, der aussah wie der Nikolaus, zuckte mit den Schultern. »Nächste Woche sind die Kamele wieder da, bis dahin müssen Sie mit unseren Autos vorlieb nehmen.«

Warten, warten, warten, dachte Laura. Überall muss man warten.
»Aber mit Autos fährt man doch nicht durch ein Weihnachtswunderland«, sagte ein Kind und schaute traurig auf seinen Luftballon.

Laura dachte nach.
»Vielleicht können wir die Autos an die Seite schieben?«, fragte sie den kleinen dicken Mann.
»Das geht schon, aber man müsste mir dabei helfen«, sagte er, ohne zu wissen, welchen Plan Laura hatte, und kam aus seinem Kassenhäuschen heraus.
»Was hast du vor?«, fragte Lauras Vater.
Laura ging in das Kassenhäuschen und setzte sich genau vor das Mikrofon, an dem sonst immer der kleine dicke Mann saß und Sachen sagte wie: »Nun geht es los. Vorsicht, das Karussell startet jetzt.«
Laura sprach in das Mikrofon: »Achtung, Achtung, wir brauchen Freiwillige, die uns helfen die Autos aus den Halterungen zu lösen.«
Laura hatte noch eine Idee. Wieder ertönte ihre Stimme auf dem Platz.
»Achtung, Achtung. Das ist noch nicht alles«, rief sie, »wir suchen starke Erwachsene, die für uns Kinder die Kamele spielen, auf denen wir reiten können.«
Der kleine dicke Mann mit dem roten Hut lachte. So etwas hatte er noch nie gehört.
»Das klappt doch nie«, sagte er. Doch er hatte sich getäuscht. Ehe er sich's versah, kamen Jugendliche aus dem McDonald's gelaufen und hatten die kleinen Karussellautos an die Seite gestellt. Dann schauten sich die Erwachsenen an und nickten sich zu. Plötzlich standen ganz viele Mütter und Väter dort, wo sonst die Kamele standen und spielten die Karusselltiere. Nun konnte es losgehen. Die Kinder holten sich bei dem kleinen dicken Mann Fahrchips und kletterten ihren Eltern auf die Schultern. Auch Laura ging zu ihrem Vater und kletterte auf seine Schultern. Das Warten hatte ein Ende.
»Du bist heute mein Lieblingskamel«, sagte Laura und Lauras Vater tat so, als wäre er wild und wollte loslaufen.
Jetzt fehlte nur noch Weihnachtsmusik. Der kleine dicke Mann mit der

roten Mütze schob eine Kassette in den Kassettenrekorder und stellte ihn an.

»Schneeflöckchen, Weißröckchen«, konnte man aus den Lautsprechern hören, obwohl es gar nicht schneite, aber das war nicht so schlimm, denn Kamele mögen keinen Schnee.

Der kleine dicke Mann ließ dann eine Glocke ertönen und sprach durch das Mikrofon: »Achtung, Achtung. Es geht los.«

Sofort liefen die Erwachsenen mit den Kindern im Kreis und alle freuten sich. Lauras Vater lief mit Laura sogar drei Runden durch das Weihnachtswunderland, wie er es versprochen hatte. Das war ein Spaß.

6

Der vermisste Nikolaus

»Wie lange noch?«, fragte Laura und öffnete das sechste Türchen ihres Adventskalenders. Auf dem Bild war der Nikolaus zu sehen. Laura lächelte und schlüpfte in ihr Bett.

»Wie oft muss ich noch schlafen?«, fragte Laura und kuschelte sich in ihre Kissen.

»Bis es Weihnachten ist, musst du noch achtzehnmal schlafen«, sagte Lauras Mutter.

»Was?«, schrie Laura. »So lange kann ich nicht warten.«

Lauras Mutter lachte.

»Warte mal ab«, sagte sie. »Ich erzähle dir eine Geschichte, dann vergeht die Zeit wie von selbst.«

Und Lauras Mutter begann zu erzählen.

Es war einmal ein Mädchen, das hieß Laura. Laura konnte nicht gut warten. Eines Tages sollte der Nikolaus kommen und Geschenke bringen. Laura hatte sich schon vor Tagen einen Strumpf von Onkel Rolf ausgeborgt, weil Onkel Rolf so große Füße hatte und man in einen solchen Strumpf sehr viel reinpacken konnte. Alle Kinder durften ihre Nikolausstrümpfe im Flur vom Pfarrheim aufhängen und jeden Tag schauten sie nach, ob diese endlich verschwunden waren. Schließlich war es so weit. Die Strümpfe waren fort und alle Wünsche offen. Die Kinder hatten sich am Nikolaustag im Gemeindesaal versammelt, um den Nikolaus zu empfangen. Laura saß neben ihrem Freund Tim und wartete. Zuerst sangen alle Adventslieder, aber der Nikolaus kam nicht. Zum Glück gab es danach Früchtetee und Spekulatius, aber der Nikolaus kam immer noch nicht.

»Wo bleibt er denn?«, fragte Laura, aber Tim wusste es auch nicht. Ein Nikolaus kommt und geht und keiner weiß, wo er wohnt. Beide liefen zum Fenster, entdeckten aber keinen Nikolaus. Es sah ein wenig nach Schnee aus, das konnte aber auch am Licht der Straßenlaterne liegen. Am Fenster hing eine Packung mit Watte, aus der die Schneeflocken an den Scheiben waren. Dann sangen sie wieder Weihnachtslieder, aber das »Oh du fröhliche« klang schon nicht mehr ganz so fröhlich. Tim wollte nach draußen. Er hatte zu viele Spekulatius gegessen und die lagen ihm nun so schwer im Magen, dass er auf die Toilette musste.

»Ich komme mit und räume dabei schnell die Watte weg«, sagte Laura und nahm die Watte und Tims Hand. Schnell liefen sie zur Toilette, als Tim unter der Toilettentür rote Stiefel hervorblinken sah. Die Toilette war besetzt.

»Schon wieder muss man warten«, sagte Laura und Tim verdrehte die Augen, aber die Toilette blieb besetzt.

»Dauert es noch lange?«, traute sich Tim zu fragen.

»Ich fürchte ja«, sagte eine tiefe Stimme. »Ich habe zu viele Spekulatius gegessen und nun ist mir schlecht davon.«

»Wem sagen Sie das?«, sagte Tim. »Es ist nur, dass wir auf den Nikolaus warten und keine Zeit haben, so lange vor der besetzten Toilette zu stehen.«

Der Mann lachte.

»Da könnt ihr lange warten«, sagte die tiefe Stimme, »ich bin nämlich der Nikolaus und habe einen verdorbenen Magen.«

Laura traute ihren Ohren nicht. Während alle stundenlang auf den Nikolaus warteten, saß der hier auf dem Klo und schmollte.

»Das können Sie nicht machen«, sagte Laura, »alle Kinder warten auf Sie und wollen ihre Strümpfe wiederhaben.«
»Du hast gut reden«, sagte der Nikolaus. »Die Strümpfe sind natürlich hier und voller Geschenke, aber ich traue mich nicht unter Menschen.«
»Vielleicht könnten Sie mich kurz auf die Toilette lassen«, klagte Tim. »Ich brauche bestimmt nicht lange.«
»Nein, nein«, sagte der Nikolaus, »mir geht es nicht so gut. Ich muss hier leider sitzen bleiben.«
Laura dachte an all die Kinder, die auf den Nikolaus warteten und schon ganz traurig waren, dass er nicht kam.
»Ein Nikolausfest ohne Nikolaus und Nikolausstrümpfe ist eine traurige Sache«, sagte Laura. »Dann haben doch alle umsonst gewartet.«
Der Nikolaus hatte eine Idee. Laura und Tim hörten plötzlich die Toilettenspülung und sahen danach einen Jutesack, den der Nikolaus unter der Tür hindurchschieben wollte, aber der Sack war zu dick. Da öffnete sich die Klotür einen Spalt. Laura sah kurz einen kleinen dicken Mann mit einem weißen Bart und einer roten Mütze, der trotz allem lächelte. Durch den Türspalt warf er seinen großen Jutesack zu Laura und schloss dann schnell wieder die Tür.
»Ich brauche einen Ersatznikolaus«, rief der Nikolaus. »Ich schaffe es sonst nicht, rechtzeitig bei allen Kindern zu sein.«
Laura hob den Jutesack mit den Strümpfen probeweise hoch und konnte ihn tragen. Sie überlegte.
»Wenn du dem Nikolaus helfen willst«, sagte Tim, »dann solltest du wenigstens ein bisschen aussehen wie er. Und Nikolaus hat einen langen Bart.«
Laura schaute auf den Wattebeutel in ihrer Hand. Damit konnte sie sich schnell einen weißen Bart anzaubern. Sie brauchte die Watte nur an ihr Kinn zu kleben und Creme stand vor dem Spiegel. Als könnte Tim Gedanken raten, holte er die Creme und zackdiback hatte Laura einen Bart

wie der echte Nikolaus. »Also gut«, sagte Tim zum echten Nikolaus. Er hatte seine Magenschmerzen vergessen.
»Wir werden den Kindern die Strümpfe bringen und ihnen sagen, dass Sie verhindert sind.«
»O.k.«, sagte Laura, »ich bin der Ersatznikolaus.«
Der echte Nikolaus klatschte in die Hände.
»Das ist eine gute Idee«, sagte er schnell, »aber jetzt lasst mich lieber ein bisschen in Ruhe.«

Laura zog sich die rote Kapuze ihrer Jacke über den Kopf und beschloss die anderen Kinder nicht warten zu lassen.
»Kann sein, dass ich gleich fort bin«, sagte der Nikolaus noch. »Wartet nicht auf mich. Nächstes Jahr komme ich ja wieder.«
»Woran erkennt man eigentlich den echten Nikolaus?«, flüsterte Tim Laura zu.
Laura zeigte auf die abgeschlossene Toilettentür und sagte: »Den echten Nikolaus sieht man nicht.«
Tim nickte, er hatte verstanden. Sie würden den echten Nikolaus vertreten, dann würde er bei ihrer Feier sein, auch wenn man ihn nicht sah.

7

Der Mann mit der Pfeife

»Wie lange noch?«, fragte Laura und öffnete das siebte Türchen ihres Adventskalenders. Auf dem Bild waren zwei Nüsse zu sehen. Laura lächelte und schlüpfte in ihr Bett.
»Wie oft muss ich noch schlafen?«, fragte Laura und kuschelte sich in ihre Kissen.
»Bis es Weihnachten ist, musst du noch siebzehnmal schlafen«, sagte Lauras Mutter.
»Was?«, schrie Laura. »So lange kann ich nicht warten.«
Lauras Mutter lachte.
»Warte mal ab«, sagte sie. »Ich erzähle dir eine Geschichte, dann vergeht die Zeit wie von selbst.«
Und Lauras Mutter begann zu erzählen.
Es war einmal ein Mädchen, das hieß Laura. Laura konnte nicht gut warten. Eines Tages wurde es richtig kalt. Vergessene Blumentöpfe, gestern noch gefüllt mit Regenwasser, waren plötzlich voller Eis und gesprungen. Jetzt war man froh, wenn man seine Handschuhe fand und sich seine Mütze über die Ohren ziehen konnte.
Laura saß mit Tim auf der Fensterbank, knackte eine Walnuss und teilte sich den Inhalt mit Tim. Er hatte seinen Stutenkerl in der Hand und zählte die Rosinenknöpfe. Tim und Laura wollten heute mit Lauras Mutter Plätzchen backen, aber diese suchte noch nach den Plätzchenformen.

Obwohl man aus der Küche einen Riesenlärm hörte, schien sie nichts zu finden. Laura und Tim seufzten und mussten weiter warten. Tim hatte eine Idee.

»Lass uns spielen, welcher unserer Stutenkerle der schönste der Welt ist!«, rief er.

Laura schaute sich ihren Stutenkerl an und war einverstanden.

Der Gewinner sollte jeweils zwei Walnüsse bekommen, sie vorsichtig knacken, damit man aus den Nussschalenhälften noch Schiffchen basteln konnte, und durfte dann den Kern alleine aufessen.

»Mein Stutenkerl hat sieben Knöpfe«, sagte Tim.

Laura zählte bei ihrem Leckermann die Rosinen auf dem Bauch. Es waren nur sechs. Schmollend gab sie Tim zwei Nüsse ab, der sie vorsichtig aufknackte und laut schmatzend aufaß. Laura schaute Tim dabei zu und hatte wenig Spaß daran. Wer verliert schon gerne in einem Wartespiel, wenn man eigentlich Plätzchen backen will. Laura gab aber nicht auf. Sie schaute sich Tims Stutenkerl genau an, dann lachte sie.

»Mein Stutenkerl hat zwar nicht so viele Knöpfe wie deiner, aber dafür trägt er eine Pfeife«, sagte Laura.

Sie hatte recht, auf Tims Stutenkerl pappte keine Pfeife. Tim hatte verloren. Laura bekam diesmal zwei Walnüsse, knabberte sie auf wie ein Eichhörnchen und legte die vier Nussschalenhälften vor sich hin. Gleichstand. Tim musste sich etwas einfallen lassen. Die Kinder waren so ins

Spiel vertieft, dass sie das Warten auf das Plätzchenbacken völlig vergessen hatten.
Tim zeigte plötzlich auf den Kopf seines Stutenkerls. »Mein Stutenkerl hat zwar keine Pfeife«, sagte er, »dafür hat er Schokoladenhaare.«
Tatsächlich, der Bäcker, der Tims Stutenkerl gebacken hatte, hatte dessen Kopf in Schokolade getaucht. Tim hatte gewonnen. Laura gab ihm zwei Walnüsse von ihrem Adventsteller. Ungeduldig wartete sie ab, bis Tim seine Nüsse aufgefuttert hatte. Laura spielte weiter.
»O.k.«, sagte sie, »mein Stutenkerl hat zwar keine Schokoladenhaare, aber dafür weiß ich, dass man ihn woanders Weckmann oder Hirze nennt!«

Tim lachte und sagte: »Das kann ja jeder sagen.«
Laura rief in die Küche: »Mama, das stimmt doch, oder?«
Lauras Mutter suchte noch immer ihre Backförmchen und rief: »Ach Kinder, lasst mich doch weitersuchen. Natürlich nennt man unseren Stutenkerl woanders anders.«
Laura grinste und nahm sich zwei Nüsse, als ihre Mutter aus der Küche rief: »Tut mir leid, Kinder, wir können heute keine Plätzchen backen. Ich finde die Backformen nicht.«
Laura und Tim waren enttäuscht. Sollten sie umsonst gewartet haben? Traurig blickten sie auf die Nussschalen, die aussahen wie kleine Boote. Laura hatte eine Idee.
»Ich weiß, was wir machen können«, rief sie der Mutter zu. »Wir nehmen einfach unsere Nussschalen als Ausstechformen, dann haben wir nachher ganz viele kleine Plätzchen, die wie ganz kleine Boote aussehen.«
Tim klatschte begeistert in die Hände: »Da mache ich mit. Alleine Nussaufessen ist zwar toll, aber gemeinsam Plätzchenbacken ist besser.«
Lauras Mutter seufzte erleichtert auf. Die Kinder stürmten mit den Nussschalen in die Küche und fingen an den Teig damit auszustechen. Es klappte. Schon bald lag eine ganze Flotte Nikolausboote auf dem Backblech.
Die Mutter hatte den Ofen vorgeheizt und schob nun die Plätzchen in den Ofen.
Wie wunderbar!

8

Der richtige Augenblick

»Wie lange noch?«, fragte Laura und öffnete das achte Türchen ihres Adventskalenders. Auf dem Bild war ein Flugzeug zu sehen. Laura lächelte und schlüpfte in ihr Bett.

»Wie oft muss ich noch schlafen?«, fragte Laura und kuschelte sich in ihre Kissen.

»Bis es Weihnachten ist, musst du noch sechzehnmal schlafen«, sagte Lauras Mutter.

»Was?«, schrie Laura. »So lange kann ich nicht warten.«

Lauras Mutter lachte.

»Warte mal ab«, sagte sie. »Ich erzähle dir eine Geschichte, dann vergeht die Zeit wie von selbst.«

Und Lauras Mutter begann zu erzählen.

Es war einmal ein Mädchen, das hieß Laura. Laura konnte nicht gut warten. Eines Tages stand der Vater in der Tür. Im ganzen Haus roch es nach Plätzchen. Laura und Tim hatten rote Wangen vom Teigausstechen. Auf dem Küchentisch stand der Kranz mit zwei brennenden Kerzen. Lauras Mutter lief fröhlich zur Tür und gab dem Vater einen Kuss.

»Was machst du denn hier?«, fragte sie. »Ich denke, du bist über den Wolken und fliegst zu den Weihnachtsinseln?«

Lauras Vater kam in die Küche, nahm Laura in den Arm und lachte: »Draußen ist alles vereist. Wir haben unseren Flug verschieben müssen.«

Lauras Vater war Pilot. Er arbeitete auf dem kleinen Flughafen Paderborn-Lippstadt und im Winter war die Startbahn oft so vereist, dass die Flugzeuge warten mussten, bis alles wieder frei war.

»Wie lange kannst du denn bleiben?«, fragte Laura.

Der Vater gab Laura einen Kuss.

»Ich kann so lange bleiben, bis mein Handy klingelt«, sagte er.

Das war ein Glück. Die Plätzchen waren im Backofen und man musste nur noch warten, bis sie fertig waren. Wenn Lauras Vater Glück hatte, konnte er mit ihnen die braunen Plätzchen aus dem Backofen holen und im Lichterschein der Adventskerzen auffuttern. Sie mussten nur auf den richtigen Augenblick warten.

»Geh nicht zu nah an den Backofen«, sagte Lauras Mutter zu Tim, der ganz genau sehen wollte, wie die Plätzchen brauner und brauner wurden. Er glotzte in den Backofen, als flimmerte dort eine Weihnachtssendung über den Bildschirm.

»Du musst unbedingt unsere Plätzchen probieren«, sagte Laura zu ihrem Vater, »da ist sogar Zimt drin.«

Lauras Mutter schüttelte lächelnd den Kopf.

»In den Plätzchen ist kein Zimt, sondern Vanille, Haselnüsse, Eier, Puderzucker und ganz, ganz viel Liebe.«

Lauras Mutter tauchte ihren Zeigefinger in den Puderzucker und machte damit Lauras Vater eine weiße Nase.

»Das kann man riechen«, sagte er grinsend, »ich hoffe nur, dass ich so lange bleiben kann.«

Da hatte sich Lauras Vater zu früh gefreut. Plötzlich klingelte das Handy und Lauras Vater verzog das Gesicht. Er hielt sein Handy an sein Ohr, nickte andauernd und sagte schließlich: »O.k., es ist zwar nicht der richtige Augenblick, aber ich komme.«

Laura war traurig. Sie konnte sich denken, was passiert war. Die Start- und Landebahnen waren vom Eis befreit worden und die Maschine ihres

Vaters wieder flugbereit. Lauras Mutter öffnete gerade die Backofentür und nahm das Blech heraus.
»Dies ist der richtige Augenblick«, sagte sie. »Auf den haben wir alle gewartet.«
Lauras Vater schüttelte den Kopf.
»Ich muss los«, sagte er, »lasst euch von meiner Unruhe bloß nicht den Appetit verderben.«
Laura hatte sich inzwischen heimlich Mutters großen Küchenhandschuh angezogen und schob ganz schnell den Bratenschieber unter die Plätzchen und füllte die duftenden Leckerbissen vorsichtig in eine Plastikdose. Ihr Vater hatte sich schon seine Uniformjacke angezogen und schlüpfte gerade in seinen dunkelblauen Mantel. Laura steckte die Plastikdose heimlich in seine Pilotentasche. Es war genau der richtige Augenblick.
»Tschüs, ihr Lieben«, sagte Lauras Vater und gab Laura und ihrer Mutter einen Kuss. Tim stand dabei und winkte. Die Plätzchen waren fertig.

Jetzt konnten sie alle Advent feiern und Lieder singen. Nun ja. Fast alle. Lauras Vater machte sich auf den Weg zum Flughafen. Er bestieg bald darauf sein Flugzeug. Heute saß Lauras Vater ein wenig zerknirscht auf seinem Pilotensessel und ließ die Motoren laufen. Das Flugzeug war voll besetzt. Es war dunkel geworden und der Himmel leuchtete in gelbroten Farben. Weihnachtliche Musik drang leise aus den Bordlautsprechern. Die Flugbegleiterin, Fräulein Carolin, stand schon im Gang, um den Flugzeugpassagieren die Sicherheitsvorkehrungen zu erklären, als Lauras Vater seine Tasche öffnete und die Plastikdose mit den frisch gebackenen Plätzchen fand.
Sofort erfüllte ein wundervoller Plätzchenduft das Cockpit und breitete sich im ganzen Flugzeug aus. Lauras Vater startete das Flugzeug und hob ab. Als er so hoch war, dass er von oben das Haus erahnen konnte, in dem Laura und Tim gerade ihre Plätzchen essen würden, biss auch er in eines der leckeren Plätzchen und murmelte mit vollem Mund: »Das ist genau der richtige Augenblick, auf den wir so lange gewartet haben. Oh, wie schön ist es, dass Plätzchen so lecker schmecken und so gut duften, oder?«

9

Wie man einen Stern malt

»Wie lange noch?«, fragte Laura und öffnete das neunte Türchen ihres Adventskalenders. Auf dem Bild war ein Stern zu sehen. Laura lächelte und schlüpfte in ihr Bett.

»Wie oft muss ich noch schlafen?«, fragte Laura und kuschelte sich in ihre Kissen.

»Bis es Weihnachten ist, musst du noch fünfzehnmal schlafen«, sagte Lauras Mutter.

»Was?«, schrie Laura. »So lange kann ich nicht warten.«

Lauras Mutter lachte.

»Warte mal ab«, sagte sie. »Ich erzähle dir eine Geschichte, dann vergeht die Zeit wie von selbst.«

Und Lauras Mutter begann zu erzählen.

Es war einmal ein Mädchen, das hieß Laura. Laura konnte nicht gut warten. Eines Tages traf sie sich mit ihrem Freund Tim, um Sterne zu malen. Sie setzten sich an den großen Tisch im Wohnzimmer und schauten auf die sternengeschmückte Tanne in ihrem Garten.

»Wie malt man einen Stern?«, fragte Laura ihre Mutter.

»Jeder Stern sieht anders aus«, sagte Lauras Mutter. »Wichtig ist nur, dass er strahlt.«

Tim lachte und tat so, als würde er einen Stern auf das Blatt Papier malen.

»Mein Stern ist unsichtbar«, sagte er. »Man sieht ihn nur, wenn es dunkel wird.«
Lauras Mutter lachte.
»Soll ich euch mal zeigen, wie man einen wunderschönen Stern malen kann?«, fragte sie.
Laura nickte und Tim sagte: »Wir können zum Beispiel jedem Stern einen Namen geben, dann macht das Zeichnen noch mehr Spaß.«
Laura schüttelte den Kopf: »Ich soll meinem Stern einen Namen geben? Mein Stern heißt doch nicht Carolin.«
»Warum nicht?«, fragte Lauras Mutter. »Wenn dein Stern Carolin heißt wie Papas Flugbegleiterin, dann heißt mein Stern Anton wie der Pilot.«
»Mein Papa kennt sich bei den Sternen aus«, sagte Laura und dachte an ihren Papa, der mit seinem Flugzeug durch den Himmel düste.
Lauras Mutter hatte eine Idee.
Sie stellte sich vor den Tisch, an dem Tim und Laura links und rechts wie in einem Flugzeug saßen. Sie hatte eine blaue Weste an wie die Stewardess Carolin und spielte Papas Flugbegleiterin.
»Guten Tag, liebe Fluggäste. Ich begrüße Sie im Namen von Flugkapitän Anton Leininger an Bord des Fli-Fla-Mal-Flugzeuges. Anstatt der üblichen Sicherheitsvorkehrungen lernen wir heute, wie man einen Weihnachtsstern malt. Zu diesem Zweck bitte ich Sie die Buntstifte in die Hand zu nehmen, die bereits vor Ihnen auf dem Tisch liegen. Greifen Sie sie am Stiel. Vorsicht, das spitze Ende pikst.«
Laura und Tim schnappten sich die Buntstifte in ihren Lieblingsfarben.
»Als Nächstes stellen wir uns vor, wie ein Stern aussieht. Nun fangen wir noch nicht zu zeichnen an, sondern erinnern uns, warum wir einen Stern malen wollen.«
Tim dachte nach: »Weil in der Adventszeit überall Sterne zu sehen sind.«
Laura sagte: »Und weil über dem Stall, in dem Jesus geboren wurde, auch ein Stern leuchtete.«

Lauras Mutter spielte weiter die Flugbegleiterin: »Die schönsten Sterne malt man, wenn man gemeinsam dieses Sternengedicht gesprochen hat:

Raum verdunkeln,
Buntstift packen,
Sterne funkeln,
malst du Zacken!
Hoch und runter,
nah und fern,
bunt und bunter
wird der Stern.
Lass ihn glänzen,
und uns führen
über Grenzen
und durch Türen!«

Sie hatten das grelle Licht gelöscht und saßen beim Schein der Adventskerzen vor ihren Malbögen.
Tim flüsterte: »Denk daran, dass man dem Stern auch einen Namen geben kann.«
Lauras Mutter lachte und sagte: »Wenn wir wollen, können wir unserem Stern auch einen Namen geben.«
Tim rief: »Ich werde meinen Stern Hugo nennen. Hugo, du bist ’ne große Leuchte.«
Laura und ihre Mutter lachten. Lauras Mutter spielte weiterhin die Stewardess. Als würde sie die Notausgänge in einem Flugzeug erklären, zeigte sie auf die beiden Bogen Papier und flüsterte geheimnisvoll: »Nun nehmen wir den Buntstift mit unserer Lieblingsfarbe und fangen an zu zeichnen.«
»Pass auf, Hugo!«, sagte Tim zu seinem Stern. »Gleich lernen wir uns kennen.« Und er begann ihn zu malen.

Laura punktete mit einem gelben Stift auf einem schwarzen Papierbogen herum und hatte bald eine glitzernde Sternennacht vor sich.
Danach malten Tim und Laura noch einen Stern, den sie jemandem schenken wollten, um ihm eine Freude zu machen.
Es war still im Raum. Laura, Tim und Lauras Mutter genossen ihre Sterne.
Plötzlich klingelte es und Lauras Mutter lief zur Tür und kam dann mit dem Aquella-Mann wieder ins Wohnzimmer. Der Aquella-Mann war ihr Getränkelieferant aus Bielefeld, der ihnen alle zwei Wochen Mineralwasser und Apfelschorle brachte. Der Mann mit der blauen Aquella-Uniform stand ein wenig verlegen im Wohnzimmer herum und sah in die leuchtenden Kinderaugen.
»Und die schönsten Sterne sind die, die man mit anderen teilen kann«, sagte Lauras Mutter und hielt dem Aquella-Mann das Sternenbild entgegen, das Tim und Laura gemalt hatten.
»Nehmen Sie es ruhig«, sagte Lauras Mutter aufmunternd, »als kleines Dankeschön, weil Sie uns das ganze Jahr immer Wasser bringen.«
Der Aquella-Mann schaute gerührt von einem zum andern und nickte schließlich.
Alle schauten auf den Stern und ihre Gesichter leuchteten, als würde der Stern sie anstrahlen.

10

Gefrorenes Mineralwasser

»Wie lange noch?«, fragte Laura und öffnete das zehnte Türchen ihres Adventskalenders. Auf dem Bild war eine Sonne zu sehen. Laura lächelte und schlüpfte in ihr Bett.
»Wie oft muss ich noch schlafen?«, fragte Laura und kuschelte sich in ihre Kissen.
»Bis es Weihnachten ist, musst du noch vierzehnmal schlafen«, sagte Lauras Mutter.
»Was?«, schrie Laura. »So lange kann ich nicht warten.«
Lauras Mutter lachte.
»Warte mal ab«, sagte sie. »Ich erzähle dir eine Geschichte, dann vergeht die Zeit wie von selbst.«
Und Lauras Mutter begann zu erzählen.
Es war einmal ein Mädchen, das hieß Laura. Laura konnte nicht gut warten. Eines Tages trug der Aquella-Mann einen großen Kasten mit Mineralwasser in ihr Haus. Laura stand mit Tim in der Haustür. Sie wollten zum Weihnachtsmarkt, um das Christkind anzurufen, als ein Auto mit einem großen Lautsprecher vorbeifuhr:
»Achtung, Achtung. Leider kann heute das Christkindtelefon nicht benutzt werden, weil infolge der Hundekälte die Telefonhäuschentür eingefroren ist. Liebe Kinder, tut uns leid, macht was anderes in der Zeit. Achtung, Achtung.«

Laura schmollte und sagte: »So ein Pech!«

Auf dem Bürgersteig stand das große Aquella-Auto. Aus dem Auto holte der Aquella-Mann immer wieder einen Kasten Mineralwasser und lief an ihnen vorbei, um den Kasten in den Hausflur zu stellen. Es war das letzte Mal, dass der Getränkelieferant vor den Festtagen zu ihnen kam, da hatte Lauras Mutter von allem das Doppelte bestellt.

»Sie sind aber stark«, schrie Tim dem Aquella-Mann zu.

Der Aquella-Mann lachte und rief zurück: »Eigentlich bin ich noch viel stärker, aber das Mineralwasser ist gefroren und die Kästen sind so glitschig, dass ich sie lieber einzeln hinübertrage.«

Stolz trug der Aquella-Mann wieder eine Kiste an ihnen vorbei und stellte sie in den Flur. Laura schaute sich die Kiste genau an und nahm dann eine große Wasserflasche heraus. Tatsächlich, der Inhalt war vollständig gefroren und funkelte in der Nachmittagssonne wie ein Diamant.

»Schau mal, Tim, wie das funkelt«, sagte Laura und hielt die Flasche ins Licht.

Gerade stellte der Aquella-Mann noch einen Kasten in den Flur und putzte sich mit einem Taschentuch die Nase.

»Wie geht denn das Eis wieder weg?«, fragte Tim den Aquella-Mann.

»Ihr müsst das Mineralwasser einfach in der Wärme stehen lassen, dann schmilzt das Eis.«

»Immer nur warten«, murmelte Laura.

»Es geht auch schneller und schöner«, lachte der Aquella-Mann.

Er nahm Laura die Mineralwasserflasche ab und ging damit vor die Haustür. Genau an der Stelle, wo der Adventstürkranz hing, strahlte die Sonne am stärksten. Laura und Tim kamen hinterher. Hier an dieser Stelle war es warm und genau hierhin stellte der Aquella-Mann die Mineralwasserflasche.

»Passt auf, Kinder«, sagte der Aquella-Mann, »gleich könnt ihr sehen, wie das Eis in der Flasche zerfällt und alles wieder flüssig wird.«

Laura schaute ungeduldig auf die Eislandschaft in der Flasche. Da erinnerte sie sich an das Wartegedicht von Onkel Rolf. Genau, sie brauchte nur dieses Gedicht aufzusagen, dann würde die Zeit wie im Fluge vergehen.

»Tik tak, tik tak dideldum
gehen die Sekunden um,
wenn sie sich stets sputen,
werden sie Minuten.
Und nach sechzig Runden
werden sie zu Stunden.
Vierundzwanzig hat der Tag,
wer die Nacht erwarten mag,
spricht ganz langsam dies Gedicht,
geht ins Bett und löscht das Licht.«

Und wirklich. Kaum hatte sie den letzten Satz geflüstert, sahen sie schon, wie das Eis in der Mineralwasserflasche anfing zu schmelzen. Erhitzt von der Wintersonne verwandelte sich das Eis in Wasser. Laura schüttelte es hin und her und merkte, wie sich der Eisklumpen unter der Sonnenhitze weiter auflöste. Jetzt musste man nur noch darauf warten, dass der Rest schmolz, dann konnte man aus der Flasche einen großen eiskalten Schluck nehmen.

»Toll«, sagte Tim und hielt die Flasche gegen die Sonne. Inzwischen hatte der Aquella-Mann die letzte Kiste Mineralwasser ins Haus gebracht und schaute den Kindern dabei zu, wie sich das Eis in der Flasche verwandelte.

»Hab ich doch gesagt«, flüsterte er, »man muss nur warten können, dann wird manches Harte weich wie Wackelpeter.«

In diesem Augenblick fuhr das Auto mit dem Riesenlautsprecher wieder vorbei: »Achtung, Achtung! Das Christkindtelefon auf dem Weihnachts-

markt kann wieder benutzt werden. Das Eis am Telefonhäuschen ist so weit geschmolzen, dass man die Tür öffnen kann. Wählt die Nummer 3, dann können alle Kinder täglich von 16.00 bis 17.00 Uhr mit dem Christkind sprechen. Achtung, Achtung!«

Laura schaute Tim an, Tim schaute den Aquella-Mann an. Alle drei lachten.

»Hab ich doch gesagt«, lachte der Aquella-Mann, »man muss nur warten können, dann lässt sich auch eine Telefonhäuschentür wieder öffnen wie eine Adventskalenderklappe.«

11

Das besetzte Christkindtelefon

»Wie lange noch?«, fragte Laura und öffnete das elfte Türchen ihres Adventskalenders. Auf dem Bild war ein Telefonhörer zu sehen. Laura lächelte und schlüpfte in ihr Bett.

»Wie oft muss ich noch schlafen?«, fragte Laura und kuschelte sich in ihre Kissen.

»Bis es Weihnachten ist, musst du noch dreizehnmal schlafen«, sagte Lauras Mutter.

»Was?«, schrie Laura. »So lange kann ich nicht warten.«

Lauras Mutter lachte.

»Warte mal ab«, sagte sie. »Ich erzähle dir eine Geschichte, dann vergeht die Zeit wie von selbst.«

Und Lauras Mutter begann zu erzählen.

Es war einmal ein Mädchen, das hieß Laura. Laura konnte nicht gut warten. Eines Tages wollte sie das Christkind mit der Telefonnummer 3 anrufen. Ihr Lieblingsonkel Rolf war zu Besuch und zeigte ihr, wo bei ihrem Telefon die 3 war.

»Jetzt bin ich aber gespannt«, sagte Laura und wählte die 3. Laura wusste genau, was sie dem Christkind sagen wollte. Sie wünschte sich zu Weihnachten einen Schlitten und noch etwas ganz Besonderes, was sie aber nur dem Christkind verraten wollte.

Hallo, Christkind, wollte Laura gerade in den Hörer sprechen, aber am

anderen Ende der Leitung war niemand. Laura hörte noch nicht mal ein Tuten und legte überrascht auf.
»Was ist los?«, fragte Onkel Rolf.
»Da meldet sich niemand«, sagte Laura.
»Vielleicht ist das Christkind gerade nicht zu Hause«, sagte Onkel Rolf. »Warte ein bisschen und versuch es dann noch mal.«
»Warten, warten, warten«, flüsterte Laura so lange, bis sie sich traute die 3 zu wählen.
Vorsichtig hielt sie den Hörer ans Ohr und hörte wieder nichts. Laura wartete, bis sie ein andauerndes Tuten hörte.
»Beim Christkind ist die Leitung besetzt«, sagte Laura.
»Kein Wunder«, sagte Onkel Rolf, »wenn alle Kinder zur gleichen Zeit das Christkind anrufen, dann muss dort andauernd besetzt sein.«
Enttäuscht legte Laura auf.
»Lass uns zum Telefonhäuschen auf dem Weihnachtsmarkt gehen«, sagte Onkel Rolf, »wahrscheinlich kommen wir dort besser durch.«
Das ist eine gute Idee, dachte Laura, auf jeden Fall ist es besser, als hier zu warten und Däumchen zu drehen.

Direkt am Marienplatz, zwischen einer Maronibude und einem Glühweinstand, stand das Telefonhäuschen mit dem Christkindtelefon. Auf dem Dach glitzerte weißer Kunstschnee und an den Scheiben klebten silberne Sterne. Eine lange Schlange warm eingepackter Kinder stand vor der Tür des Telefonhäuschens und wartete darauf, mit dem Christkind zu sprechen. Die Sonne verschwand langsam und hinterließ einen rotgrünen Himmel, der plötzlich dunkel wurde. Laura wollte nicht länger warten, sie fror wie ein Schneider.
»Kennst du Stille Post?«, fragte sie den Zuckerwatte essenden Jungen vor sich. Der Junge nickte. Alle Kinder kannten das Spiel Stille Post. Laura wollte dem Kind vor sich ihre Wünsche sagen, damit es die Wünsche dem

Kind vor ihm ins Ohr flüsterte und so weiter, bis schließlich das Kind im Telefonhäuschen Lauras Wünsche an das Christkind weitergeben konnte. So machte das Warten nicht nur Spaß, sondern Lauras Wünsche kamen viel schneller beim Christkind an.

»Ich wünsche mir einen Schlitten«, flüsterte Laura dem Kind mit der Zuckerwatte zu, das diesen Wunsch sogleich dem nächsten Kind weitergab. Alles schien aufs Beste zu klappen. Laura sah, wie jemand ganz vorn dem Kind im Telefonhäuschen ihre Wünsche weitergab, und dieses Kind erzählte sie dem Christkind in den Telefonhörer. Prima. Laura schaute sich um. Onkel Rolf hatte einen Bekannten am Glühweinstand getroffen und unterhielt sich mit ihm.

»Als nächsten Wunsch wünsche ich mir, dass es schneit«, flüsterte Laura dem Jungen zu. Schon bald war zu sehen, wie auch dieser Wunsch weitergegeben wurde, bis er schließlich dem Christkind mitgeteilt wurde.

Laura hatte noch ihren wichtigsten Wunsch auf dem Herzen und flüsterte ihn dem Jungen zu: »Ich möchte, dass Weihnachten mein Vater zu Hause ist.«

Auch dieser Wunsch wurde weitergegeben, bis er schließlich im Telefonhäuschen landete.

Dann hatten die Kinder keine Lust mehr, Stille Post zu spielen, und woll-

ten selbst mit dem Christkind sprechen. Laura ging auf das Mädchen zu, das gerade aus dem Telefonhäuschen kam.
»Hast du alle meine Wünsche richtig weitergegeben?«, fragte Laura.
Das Mädchen nickte stolz und sagte: »Ja, als Erstes wünschst du dir Fritten, also Pommes frites.«
Laura glaubte, nicht richtig verstanden zu haben. Das hatte man nun davon, wenn man nicht selber mit dem Christkind sprach.
»Ich habe mir doch keine Fritten gewünscht, sondern einen Schlitten.«
»Oje«, sagte das Mädchen, »aber dein zweiter Wunsch war doch ein Kleid, oder?«
Laura schüttelte den Kopf. »Nein, dass es schneit. Ich habe mir kein Kleid gewünscht, sondern dass es schneit.«
»Und dass dein Vater Brause isst, war dann auch nicht dein dritter Wunsch?«, fragte das Mädchen zögernd.
»Nein«, sagte Laura, »ich wollte, dass mein Vater Weihnachten zu Hause ist.«
Onkel Rolf war zu Laura hinübergekommen und schaute fragend von einem Kind zum anderen. Laura überlegte, was sie tun könnte.
»Ich habe eine Idee«, sagte das Mädchen aus dem Telefonhäuschen, »vielleicht spielst du mit dem Christkind keine Stille Post mehr, sondern richtige Post. Schreib dem Christkind einen Wunschzettel.«
»Du hast recht«, sagte Laura. »Sonst bekomme ich diesmal zu Weihnachten Pommes frites, ein Kleid und Papa muss ganz viel Brause essen.«
Onkel Rolf lachte, dann nahm er Laura auf die Schultern und ritt mit ihr nach Hause.

12

Ein Wunschzettel läuft nicht fort

»Wie lange noch?«, fragte Laura und öffnete das zwölfte Türchen ihres Adventskalenders. Auf dem Bild war ein Wunschzettel zu sehen. Laura lächelte und schlüpfte in ihr Bett.
»Wie oft muss ich noch schlafen?«, fragte Laura und kuschelte sich in ihre Kissen.
»Bis es Weihnachten ist, musst du noch zwölfmal schlafen«, sagte Lauras Mutter.
»Was?«, schrie Laura. »So lange kann ich nicht warten.«
Lauras Mutter lachte.
»Warte mal ab«, sagte sie. »Ich erzähle dir eine Geschichte, dann vergeht die Zeit wie von selbst.«
Und Lauras Mutter begann zu erzählen.
Es war einmal ein Mädchen, das hieß Laura. Laura konnte nicht gut warten. Eines Tages beschloss Laura einen Wunschzettel zu schreiben. Sie wollte dem Christkind aufmalen, was sie sich wirklich wünschte. Sie holte sich dazu einen schwarzen Zettel und ihre Buntstifte. Laura wünschte sich zum Fest einen Schlitten, ganz viel Schnee und dass ihr Papa nicht arbeiten musste und zu Hause war.
Hoffentlich schneit es Weihnachten, dachte Laura, denn wenn man sich einen Schlitten wünscht, ist es besser, wenn man ihn gleich ausprobieren kann.

Laura begann zu malen. Sie nahm sich einen weißen Buntstift und zeichnete als ersten Wunsch den Schlitten auf das schwarze Papier. Lauras Mutter war gerade im Flur und wollte eine Spieluhr aufhängen. Laura hörte, wie sie dort einen Nagel in die Wand hämmerte. Klopf, klopf, klopf, schlug das Hämmerchen auf den Nagel.
Die Spieluhr spielte das Lied »Leise rieselt der Schnee«, aber bisher war noch nichts von der Musik zu hören.
Laura malte weiter. Sie malte viele weiße Schneeflocken, die es nicht erwarten konnten, auf die Erde zu fallen. Draußen hämmerte ihre Mutter immer noch herum. Sie hatte den Nagel schief eingeschlagen, musste ihn mit einer Zange herausziehen und von Neuem anfangen.
Laura malte danach das Flugzeug ihres Vaters auf den Wunschzettel und strich es durch. Das Christkind sollte so erfahren, dass ihr Vater Weihnachten auf gar keinen Fall ein Flugzeug fliegen sollte. Ihr Vater sollte zu Hause sein. Schneeflocken sollten fliegen, aber nicht ihr Vater.

Im Flur war es still. Hatte es ihre Mutter tatsächlich geschafft, den Nagel für die Spieluhr richtig in die Wand zu schlagen? Noch hörte man keine Musik. Laura schloss die Augen. Sie konnte es kaum erwarten, den Wunschzettel auf die Fensterbank zu legen. Hier war die Stelle, wo das Christkind jedes Jahr vorbeikam, um den Wunschzettel abzuholen. Vorsichtig legte sie den Wunschzettel genau an dieser Stelle auf die Fensterbank.

Aus dem Flur kam eine Melodie herüber, die Laura sofort mitsummte: »Leise rieselt der Schnee«. Ihre Mutter probierte die Spieldose aus, die wie jedes Jahr die Adventszeit begleitete. Laura wünschte sich, dass das Christkind ganz schnell kam, um den Wunschzettel zu holen. Als sollte dieser Wunsch sofort erfüllt werden, bewegte sich auf einmal der Wunschzettel und lief fort. Laura rieb sich die Augen und schüttelte den Kopf.

Hatte sie da richtig gesehen? Das kann doch nicht sein, dachte sie.

Laura schaute noch einmal auf den wegrennenden Wunschzettel. Natürlich! Laura lachte. Sie hatte ihre Schildkröte Rolfi vergessen. Er hatte an der Stelle gesessen, wo sie ihren Wunschzettel hingelegt hatte. Laura hatte ihren Wunschzettel auf Rolfi abgeladen und der zog nun damit los, als wäre er ein Briefträger.

»He, Rolfi«, rief Laura, »der Wunschzettel ist nicht für dich!« Und Laura nahm Rolfi den Wunschzettel vom Rücken und legte ihn zurück auf die Fensterbank.

Ihre Mutter kam ins Wohnzimmer und hatte noch den Hammer und ein Kästchen Nägel in der Hand.

»Was machst du denn da?«, fragte sie erstaunt, als sie Laura und Rolfi vor der Fensterbank hocken sah.

»Ich habe einen Wunschzettel geschrieben und warte auf das Christkind.«

Lauras Mutter lachte.

»Das Christkind kommt nicht auf Knopfdruck«, flüsterte die Mutter. Nachdenklich setzte Laura die Schildkröte vor den Futternapf. Dann lächelte sie, schaute auf ihren Wunschzettel und drehte sich um.
In der Nacht träumte Laura von Schnee, einem Schlitten und ihrem Vater. Am nächsten Morgen lief sie zu der Fensterbank. Das Christkind war da gewesen, der Wunschzettel war fort.

13

Es riecht nach Schnee

»Wie lange noch?«, fragte Laura und öffnete das dreizehnte Türchen ihres Adventskalenders. Auf dem Bild waren viele kleine Schneeflocken zu sehen. Laura lächelte und schlüpfte in ihr Bett.
»Wie oft muss ich noch schlafen?«, fragte Laura und kuschelte sich in ihre Kissen.
»Bis es Weihnachten ist, musst du noch elfmal schlafen«, sagte Lauras Mutter.
»Was?«, schrie Laura. »So lange kann ich nicht warten.«
Lauras Mutter lachte.
»Warte mal ab«, sagte sie. »Ich erzähle dir eine Geschichte, dann vergeht die Zeit wie von selbst.«
Und Lauras Mutter begann zu erzählen.
Es war einmal ein Mädchen, das hieß Laura. Laura konnte nicht gut warten. Eines schönen Tages beschlossen die Schneeflocken, auf die Erde zu fallen.
»Ich zähle bis 358«, sagte die älteste Schneeflocke auf ihrer Wolke, »dann stürzen wir uns auf die Erde und machen alles weiß.«
»Wann kommt denn 358?«, fragte eine kleine Schneeflocke, die nur bis 11 zählen konnte und nicht wusste, wann sie springen sollte.
»358 kommt nach 357«, sagte die älteste Schneeflocke und begann zu zählen.

Unten auf der Erde saß Laura am Küchenfenster und schaute in den Himmel. Sie zupfte dabei von einem Riesenwattebausch kleine Flocken ab und wollte daraus ein Schneeflockenmobile basteln. Lauras Mutter wollte die Schneeflocken an eine Schnur binden und dann als Mobile ins Fenster hängen.
Draußen roch es nach Schnee und Laura war sich sicher, dass es heute schneien würde. Sie hatte schon so lange auf den Schnee gewartet, dass er heute bestimmt zu ihr kommen würde. Ihr Vater, der Pilot, war zu Hause. Er saß oben in seinem Arbeitszimmer und machte seine Steuererklärung. Dafür klebte er Quittungen auf viele weiße Blätter und lochte sie mit einem Locher, damit er sie in einem Aktenordner abheften konnte.

Auf den Wolken machten sich inzwischen die Schneeflocken zum Absprung bereit.
»283, 284, 285«, zählte die älteste Schneeflocke vor.
»Muss ich jetzt springen?«, fragte die kleine Schneeflocke von der Nachbarwolke.
»Nein«, stöhnte die älteste Schneeflocke auf, »wir sind noch nicht so weit. Du musst erst springen, wenn ich bis 358 gezählt habe.«
Die kleine Schneeflocke nickte, plapperte zur Sicherheit die Zahl 358 nach und wartete weiter.
»Oje«, murmelte die älteste Schneeflocke, »jetzt habe ich mich verzählt. Wir müssen noch mal von vorne anfangen.«

Auf der Erde stürmte Lauras Vater gerade in die Küche und wusch sich die Hände.
»Ich habe schon drei Aktenordner mit meinen gelochten Blättern gefüllt. Ich habe bestimmt schon mindestens 358 Löcher für das Finanzamt gelocht.«

»Lass uns doch Schneeflocken zählen«, sagte Laura und zupfte ein neues Watteflöckchen für ihr Schneeflockenmobile ab.
Lauras Vater schaute aus dem Fenster. »Es schneit doch noch gar nicht.«
»Noch nicht«, lachte Laura, »aber es riecht nach Schnee. Bestimmt wird heute der Schnee kommen und dann muss ich nicht mehr auf ihn warten.«

Im Himmel wurde fleißig weitergezählt. Alle Schneeflocken standen sprungbereit am Wolkenrand und warteten auf ein Zeichen.
»353, 354, 355«, zählte die älteste Schneeflocke und wurde dabei immer lauter.
»Gleich kommt 358«, schrie die kleine Schneeflocke aufgeregt und zog den Riemen ihres Sturzhelmes nach.
»Was?«, schrie die älteste Schneeflocke verwirrt.
»Ich sagte nur, dass gleich 358 kommt und wir dann springen müssen«, sagte die kleine Schneeflocke ängstlich.
Die älteste Schneeflocke trat vom Wolkenrand zurück und kratzte sich am Kopf. »Entschuldigt, Schneeflocken«, sagte sie schließlich, »die kleine Dazwischenquatscherin hat mich völlig durcheinandergebracht. Wir blasen unser Erdeweißmachen für heute ab und suchen uns einen anderen Tag dafür aus.«

Inzwischen war es fast dunkel geworden. Laura schaute noch immer in den Himmel und wartete auf den Schnee. Ach, wenn es doch schneien würde, hoffte sie.
Ihre Mutter war nach Hause gekommen und half Laura aus den weißen Watteflocken ein Schneemobile zu basteln. Traurig schaute Laura zu, wie ihre Mutter es in das Fenster hängte.
»Sei nicht traurig«, sagte Lauras Mutter, »wir fahren doch im Januar auf jeden Fall in die Ferien und dort liegt um diese Zeit immer Schnee.«

Laura schmollte. Sie wollte keinen Schnee in den Ferien haben, sie wollte jetzt sofort Schnee.
Plötzlich fielen weiße kleine Flocken vor dem Fenster herab. Laura strahlte und rief: »Schau mal, Mama. Es schneit.«
Draußen auf dem Balkon stand ihr Vater und ließ aus seinem Locher all die kleinen weißen Papierkreise herunterrieseln, die er gestanzt hatte.
»Hurra!«, rief Laura. Sie klatschte in die Hände und freute sich über den ersten Schnee des Jahres. Natürlich war dies kein echter Schnee, aber es war Traumschnee und der war so gut wie echt, wenn man träumen konnte. Jetzt ging es Laura wieder besser und übermütig pustete sie auf das Schneeflockenmobile, bis es sich ganz wild hin und her bewegte.

14

Grün, grün, grün

»Wie lange noch?«, fragte Laura und öffnete das vierzehnte Türchen ihres Adventskalenders. Auf dem Bild war ein Kaktus zu sehen. Laura lächelte und schlüpfte in ihr Bett.
»Wie oft muss ich noch schlafen?«, fragte Laura und kuschelte sich in ihre Kissen.
»Bis es Weihnachten ist, musst du noch zehnmal schlafen«, sagte Lauras Mutter.
»Was?«, schrie Laura. »So lange kann ich nicht warten.«
Lauras Mutter lachte.
»Warte mal ab«, sagte sie. »Ich erzähle dir eine Geschichte, dann vergeht die Zeit wie von selbst.«
Und Lauras Mutter begann zu erzählen.
Es war einmal ein Mädchen, das hieß Laura. Laura konnte nicht gut warten. Eines Tages stand Laura auf und wunderte sich, dass sie in der Nacht von der Farbe Grün geträumt hatte.
Komisch, dachte Laura. Grün ist doch gar nicht meine Lieblingsfarbe. Was soll denn dieser Traum bedeuten?
Laura schaute aus dem Fenster. Es hatte nicht geschneit. Der grüne Rasen glänzte in der Morgensonne. Der Rasen ist grün, dachte Laura. Vielleicht will mich der Traum trösten, weil es heute nicht geschneit hat, und zeigt mir, wie schön ein grüner Rasen sein kann.

Laura zog sich an, lief in die Küche, brachte Rolfi ein grünes Blatt Salat und aß einen grünen Apfel. Grün und grün.
Oje, dachte Laura, dies wird heute aber ein grüner Tag.
Laura war froh, als ihr Vater sie fragte, ob sie mit ihm auf den Weihnachtsmarkt fahren wollte. Laura wurde schon ganz schwindelig von so viel Grün.
Sie waren nicht die Einzigen, die auf den Weihnachtsmarkt wollten.
Die Straßen waren voller Autos, die nicht weiterkamen und hupten.
»Das Warten macht mich ganz kribbelig!«, schrie der Vater.
Die verstopfte Straße war mit leuchtenden Sternen geschmückt, die an den Straßenlaternen hingen. Laura stellte sich vor, dass diese Sterne sie zum Weihnachtsmarkt führen würden, so wie der Stern über dem Stall von Betlehem die Menschen zum Jesuskind geführt hatte.

»Heute ist wirklich Warten angesagt«, klagte der Vater. »Alle Welt muss warten und wir auch.«
Mein Papa kann genauso schlecht warten wie ich, dachte Laura. Nur stückchenweise kamen die Autos weiter, bis sie endlich an der großen Kreuzung vor der Ampel warten mussten.
»Jetzt müssen wir auch noch auf die Ampel warten«, schimpfte der Vater und schlug so heftig auf das Lenkrad, dass der heilige Christophorus am

Rückspiegel einen Rock 'n' Roll tanzte. Endlich schaltete die Ampel von Rot, Gelb auf Grün.
»Grün«, platzte Laura heraus, »ich habe heute von der Farbe Grün geträumt, damit wir nicht etwas wichtiges Grünes zum Weihnachtsfest vergessen.«
»Haben wir Onkel Rolf schon zum Weihnachtsfest eingeladen?«, fragte der Vater.
»Natürlich«, sagte Laura, »aber Onkel Rolf ist doch nicht grün.«
Lauras Vater lachte und sagte: »Nein, aber er trägt doch immer zum Fest diesen grünen Försteranzug.«
Laura dachte nach. Sie hatten bestimmt noch etwas anderes Grünes vergessen.
In diesem Augenblick kam ein Polizist vorbei und stellte sich in die Mitte der Kreuzung und regelte den Verkehr. Der Polizist trug natürlich eine grüne Uniform.
»Grün, grün, grün. Du hast recht, überall ist Grün«, sagte Lauras Vater.
Sie waren endlich in der Nähe des Weihnachtsmarktes gelandet.
Die Stadt war voller Menschen. Laura hielt ihren Vater an der Hand, damit sie sich nicht in dem Gedränge verloren. Endlich sahen sie den Weihnachtsmarkt. Über allen Köpfen, über allen Buden und Karussells ragte etwas Grünes hervor. Es war mit funkelnden, glitzernden Lichtern geschmückt. Auf einmal ahnte Laura, woran sie der grüne Traum erinnern wollte.
»Papa, bist du morgen da oder musst du arbeiten?«, fragte Laura.
»So wie es aussieht, fliegt morgen kein Flugzeug, das mich als Piloten braucht«, sagte Lauras Vater.
Laura strahlte und sagte: »Dann weiß ich, was wir morgen besorgen können.«
»Ist es grün?«, fragte Lauras Vater.
»Es ist sogar ganz grün und pikst«, sagte Laura.

Lauras Vater dachte nach.
»Es ist ganz grün und pikst«, plapperte er Laura nach, »dann kann es nur ein Kaktus sein.«
Laura lachte und klatschte vor Vergnügen in die Hände. »Nein«, schrie sie, »wir brauchen doch zu Weihnachten keinen Kaktus, sondern einen ...?«
»Tannenbaum!«, sagten Laura und ihr Vater gleichzeitig.
»Natürlich«, sagte ihr Vater, »wir brauchen einen grünen Tannenbaum.«
Sie beschlossen, am nächsten Tag einen Tannenbaum zu besorgen. Und Laura wusste endlich, warum sie von etwas Grünem geträumt hatte, obwohl doch Grün gar nicht ihre Lieblingsfarbe war.

15

Der schönste Tannenbaum der Welt

»Wie lange noch?«, fragte Laura und öffnete das fünfzehnte Türchen ihres Adventskalenders. Auf dem Bild war ein Tannenbaum zu sehen. Laura lächelte und schlüpfte in ihr Bett.
»Wie oft muss ich noch schlafen?«, fragte Laura und kuschelte sich in ihre Kissen.
»Bis es Weihnachten ist, musst du noch neunmal schlafen«, sagte Lauras Mutter.
»Was?«, schrie Laura. »So lange kann ich nicht warten.«
Lauras Mutter lachte.
»Warte mal ab«, sagte sie. »Ich erzähle dir eine Geschichte, dann vergeht die Zeit wie von selbst.«
Und Lauras Mutter begann zu erzählen.
Es war einmal ein Mädchen, das hieß Laura. Laura konnte nicht gut warten. Eines Tages ging sie los, um mit ihrem Vater einen Tannenbaum zu besorgen.
Auf dem Parkplatz einer Videothek war ein kleiner Wald aufgebaut. Der Tannenbaumverkäufer, Herr Binsam, ein dick angezogener Mann mit Bauhandschuhen und Pudelmütze, stand inmitten seiner Bäume und wartete auf Käufer und Tannenbaumfreunde.
»Die schönsten Tannenbäume der Welt. Frisch aus dem Sauerland«, rief Herr Binsam.

Laura ritt auf den Schultern ihres Vaters über die Fußgängerampel und stand bald inmitten von Herrn Binsams Tannenbaumpark.
Lauras Vater hatte extra seine Pilotenuniform angezogen, um ein wenig Eindruck zu machen.
»Wenn er mich in meiner Uniform sieht, dann bekommen wir unseren Tannenbaum vielleicht billiger«, flüsterte Lauras Vater und rückte seine Pilotenmütze gerade. Laura lächelte, Herr Binsam sah nicht so aus, als würde er sich von einer Pilotenuniform beeindrucken lassen. Sie hatte Rolfi mitgenommen. Es war doch Rolfis erstes Weihnachtsfest bei ihnen, da durfte er auch den Tannenbaum mit aussuchen.
»Was soll's denn sein, Herr Oberpilot?«, rief Herr Binsam schmunzelnd.
»Wir wollen bei Ihnen den schönsten Tannenbaum der Welt kaufen«, sagte Lauras Vater.
Herr Binsam griff sofort einen Tannenbaum an der Spitze und hielt ihn hin, als wäre es ein nasser Dackel.
»So muss ein schöner Tannenbaum aussehen«, schwärmte Herr Binsam. »Er soll hoch gewachsen sein, ohne riesig zu wirken, muss eine gerade Spitze haben und rundum makellos glänzen wie ein Prinzessinnenkleid.«
»Wie teuer ist denn so ein Supertannenbaum?«, fragte Lauras Vater besorgt.
»So wie Sie aussehen, Herr Oberpilot«, lachte Herr Binsam, »haben Sie doch bestimmt Geld wie Heu.«
Laura schaute zu ihrem Vater und flüsterte: »Das hast du nun davon mit deiner Superuniform.«
Laura streichelte Rolfi über den Panzer und lief mit ihm über den Parkplatz der Videothek. Baum für Baum musterte sie von oben bis unten. Sie wollte den schönsten Tannenbaum der Welt finden, einen Baum, der zu ihr und Rolfi passen würde.
Manchmal kam Herr Binsam angelaufen und hielt einen Baum an der

Spitze fest und drehte ihn, damit Laura ihn von allen Seiten betrachten konnte. Lauras Vater wurde vom Warten ganz müde und sagte: »Irgendwie sehen alle Bäume gleich aus.«
Herr Binsam schüttelte den Kopf.
»Kein Baum sieht aus wie der andere«, sagte er. »Gerade der schönste Tannenbaum der Welt ist sehr schwer zu finden.«
Laura hatte eine Idee. Sie setzte Rolfi auf den Boden, streichelte ihn und flüsterte ihm zu: »Renn, Rolfi, renn. Zeig mir den schönsten Tannenbaum der Welt.«
Rolfi schaute sich ruhig um und kroch dann langsam und gemütlich los.
»Rolfi soll sich mal beeilen«, sagte Lauras Vater, »sonst stehen wir noch bis Silvester hier.«
Rolfi hatte an der Seite hinter dem Zelt einen Tannenbaum gefunden, der war krumm, dürr und sah irgendwie komisch aus.
»Was hat denn Rolfi mit diesem hässlichen Baum vor?«, fragte Lauras Vater besorgt.
Laura zuckte mit den Schultern, doch je länger sie den Baum betrachtete, umso besser gefiel er ihr. Er hatte sogar zwei Spitzen und daran konnte man zwei Sterne befestigen. In sein löcheriges Nadelkleid konnte man viele goldene Kugeln hängen und riechen tat der Baum wie kein anderer. Rolfi hatte recht, dies war der schönste Baum der Welt und der einzige, dem man dies nicht sofort ansah. Herr Binsam lachte und sagte: »Den Tannenbaum könnt ihr sogar umsonst haben. Den schenke ich euch zu Weihnachten. Dass dieser Baum mal der schönste Tannenbaum der Welt werden würde, hätte ich nie gedacht.«
Lauras Vater bekam ganz große Ohren. Wenn dieser Riesenbaum ein Geschenk war, dann hatte er seine Uniform nicht umsonst angezogen. »Gut gemacht, Rolfi«, sagte Lauras Vater und salutierte mit einer Hand an der Stirn wie ein richtiger Pilot.
»Dann dürfen wir diesen Baum behalten?«, fragte Laura unsicher.

»Natürlich«, schrie Herr Binsam, »der Tannenbaum passt zu euch. Geschmückt sieht er bestimmt genauso schick aus wie dein Vater.« Herr Binsam klopfte dabei Lauras Vater auf die Schulter und schob dann den Tannenbaum durch eine Röhre, aus der er weiß eingepackt wieder herauskam, fast so, als hätte es geschneit.

16

Die Tannenbaumparade

»Wie lange noch?«, fragte Laura und öffnete das sechzehnte Türchen ihres Adventskalenders. Auf dem Bild war eine heiße Tasse Kakao zu sehen. Laura lächelte und schlüpfte in ihr Bett.

»Wie oft muss ich noch schlafen?«, fragte Laura und kuschelte sich in ihre Kissen.

»Bis es Weihnachten ist, musst du noch achtmal schlafen«, sagte Lauras Mutter.

»Was?«, schrie Laura. »So lange kann ich nicht warten.«

Lauras Mutter lachte.

»Warte mal ab«, sagte sie. »Ich erzähle dir eine Geschichte, dann vergeht die Zeit wie von selbst.«

Und Lauras Mutter begann zu erzählen.

Es war einmal ein Mädchen, das hieß Laura. Laura konnte nicht gut warten. Eines Tages trug sie mit ihrem Vater einen Tannenbaum nach Hause. Der Baum war sehr groß und pikste an den Händen. Laura hatte zum Glück ihre Fäustlinge an, aber ihr Vater hatte seine Handschuhe auf dem Weihnachtsmarkt verloren.

»Ich kann es kaum erwarten, dass wir den Tannenbaum endlich zu Hause haben«, freute sich Laura.

»Das geht mir genauso«, stöhnte Lauras Vater und wusste nicht, wie er den Baum anfassen sollte.

Laura hielt den Baum an den zwei Spitzen wie eine Wünschelrute. Lauras Vater umfasste vorne den dicken Stamm. Rolfi saß entspannt in Lauras Jackentasche und überwachte den Tannenbaumtransport wie ein Steuermann.

»Oh Tannenbaum, oh Tannenbaum, wie grün sind deine Blätter«, sang Laura und schaute ihrem Atem nach, der beim Singen als Dampf zum Himmel stieg.

»Zum Glück schneit es nicht«, stöhnte ihr Vater und versuchte zwei entgegenkommenden Frauen Platz zu machen.

»Leider schneit es nicht«, widersprach Laura und ging den beiden Frauen aus dem Weg.

Obwohl der Baum in einer Plastikumhüllung steckte, nahm er doch so viel Platz weg, dass alle Leute vom Bürgersteig auf die Seite treten mussten, um Laura und ihren Vater vorbeigehen zu lassen.

»Haben Sie Ihr Flugzeug vergessen?«, fragte eine Frau Lauras Vater.

»Sie könnten doch den Baum in Ihrem Flugzeug nach Hause fliegen«, ulkte eine andere Frau.

»Sehr witzig«, sagte Lauras Vater ungeduldig. Lauras Mutter backte gerade Weihnachtsstollen. Er freute sich schon darauf.

»Wann sind wir denn endlich zu Hause?«, fragte Laura. »Ich kann es kaum erwarten.«

Sie kamen an dem Haus vorbei, in dem Tim wohnte. Tim schaute gerade aus dem Fenster und sah, wie sich Laura, ihr Vater und eine Schildkröte beim Tannenbaumtransport abmühten. Schnell schlüpfte Tim in seinen Schneeanzug, zog seine Handschuhe und seine Winterschuhe an und lief der Tannenbaumparade hinterher.

»Soll ich helfen?«, rief er Laura zu.

Laura freute sich ihren Freund Tim zu sehen und nickte.

»Wo zwei einen schweren Baum tragen, ist ein Dritter gern gesehen«, sagte Lauras Vater.

Rolfi streckte den Kopf weit aus dem Panzer und schaute Laura an.
»O.k., Rolfi, du gehörst natürlich auch dazu«, sagte Laura. »Wo also drei einen schweren Baum tragen, ist ein Vierter gern gesehen. Hau ruck!«
Tim suchte sich einen Platz in der Mitte des Baumes und fand dort einen starken Tannenzweig, an dem er den Baum mittragen konnte.
»Hau ruck«, rief noch mal Laura.
Mit Tims Hilfe kamen sie schneller voran, aber trotzdem ging es Laura noch nicht schnell genug. Zum Glück trafen sie den Pfarrer der Georgskirche, der auf dem Weg zum Supermarkt war, um sich dort einen leckeren Stollen zu kaufen. Er hatte sich gerade an dem Riesenbaum vorbeigequetscht, als er plötzlich stehen blieb und in die Hände spuckte.
»Kuchen kann warten«, rief er, »aber Nachbarn in der Not muss man sofort helfen.«
Er suchte sich hinter Lauras Vater eine Stelle, wo er den schweren Baum mittragen konnte.
»Oh Tannenbaum, oh Tannenbaum, wie grün sind deine Blätter«, sang Laura und alle sangen mit.
Lauras Vater hatte inzwischen den Tannenbaumstamm auf die rechte Schulter genommen und konnte allen mit einer Hand die Richtung zeigen. So trugen Lauras Vater, der Pfarrer, Tim, Laura und Rolfi den Baum leichten Schrittes. Sie lachten sogar dabei, zumal plötzlich auch Murat aus seinem Gemüseladen kam, um auch noch bei der Tannenbaumparade mitzumachen. Murat war gerade beim Stollenessen und unterbrach seine Kuchenpause, um zu helfen.
»Wenn viele schweren Baum tragen«, sagte Murat, »dann ist Baum nicht mehr so schwer. Hau rück.«
Laura konnte es kaum erwarten, ihrer Mutter den Baum zu zeigen. Zum Glück war es nicht mehr weit. Sie kamen am Laden von Bäckermeister Mertens vorbei, als Jussuf und Andreas herausliefen. Sie waren als Esel verkleidet, weil sie im Pfarrheim für das Krippenspiel probten. Sie mach-

ten gerade in der Bäckerei Mertens eine Pause und tranken Kakao und aßen Stollen, als sie die sonderbare Tannenbaumparade durch das Schaufenster sahen. Sofort liefen sie hinaus und stellten sich zu Laura und Tim ans Ende des Baumes. Alle wollten helfen.

»Hau ruck«, rief Laura und alle hoben an. Haste nicht gesehen, standen sie vor Lauras Haus und trugen den Baum auf die Veranda, weil er dort bis Weihnachten am besten aufgehoben war.

Lauras Mutter hatte die wunderbare Tannenbaumparade schon von Weitem gesehen und für die Kinder heißen Kakao gekocht und alle bekamen ein Stück frisch gebackenen Stollen. Das war eine Freude.

17

Das Krippenspiel

»Wie lange noch?«, fragte Laura und öffnete das siebzehnte Türchen ihres Adventskalenders. Auf dem Bild war ein Schäfchen zu sehen. Laura lächelte und schlüpfte in ihr Bett.

»Wie oft muss ich noch schlafen?«, fragte Laura und kuschelte sich in ihre Kissen.

»Bis es Weihnachten ist, musst du noch siebenmal schlafen«, sagte ihre Mutter.

»Was?«, schrie Laura. »So lange kann ich nicht warten.«

Lauras Mutter lachte.

»Warte mal ab«, sagte sie. »Ich erzähle dir eine Geschichte, dann vergeht die Zeit wie von selbst.«

Und Lauras Mutter begann zu erzählen.

Es war einmal ein Mädchen, das hieß Laura. Laura konnte nicht gut warten. Eines Tages wollte sie bei einem Krippenspiel mitmachen. Die kleinen Kinder aus dem Kindergarten und die größeren aus dem Hort hatten dazu die Geschichte von der Herbergssuche eingeübt, die sie in der Kirche vor dem Altar spielen wollten.

Laura spielte in diesem Jahr die Maria und Tim ihren Mann, den Zimmermann Josef. Sie gingen von Tür zu Tür, um eine Unterkunft für die Nacht zu finden. Laura musste kaum etwas sagen, außer »Oh weh, oh weh, mir friert der Zeh«, wenn die Herberge voll war und niemand sie aufnehmen wollte. Tim hatte es da schon schwerer, denn er hatte richtig viel Text auswendig zu lernen. Er musste immer an die Türen der Hotels klopfen und rufen: »Lasst uns herein, lasst uns herein, es ist so kalt in dunkler Nacht. Seid nicht gemein, seid nicht gemein. Wer hat ein Bett für uns gemacht?«

Dann war der große Tag gekommen. Alle Bänke waren voll und die Eltern warteten gespannt auf das Krippenspiel.

Der Pfarrer begrüßte die Eltern und bedankte sich bei den Kindergärtnerinnen für ihre Hilfe. Alle klatschten. Dann spielte Herr Gröbner auf der Orgel ein Lied und alle sangen mit: »Oh du fröhliche, oh du selige, gnadenbringende Weihnachtszeit.«

Laura und Tim waren schon verkleidet. Sie standen in der Sakristei und warteten darauf, dass sie loslegen konnten.

»Warten, warten, warten«, beklagte sich Laura und Tim nickte.

Laura sah aus wie Maria. Sie trug einen blauen Schleier und hatte ein langes weißes Kleid an. Tim sah aus wie Josef und trug eine Felljacke und Stiefel. Jussuf und sein Freund Andreas steckten in einem Eselskostüm, wobei Jussuf das Vorderteil und Andreas das Hinterteil des Esels spielte. Sie hatten das Stück sehr oft mit Frau Reitemeier geprobt und nun klappte alles wie am Schnürchen. Endlich kam Frau Reitemeier in die Sakristei gelaufen.

»Gleich geht es los, das Warten hat ein Ende«, flüsterte sie aufgeregt und befestigte Lauras Schleier.

Der Pfarrer stellte sich draußen in der Kirche auf die Kanzel und sprach in das Mikrofon: »Liebe Gemeinde, liebe Eltern, liebe Kinder. Nun freue ich mich euch das Krippenspiel über Maria und Josef ankündigen zu dürfen. Ich hätte gerne selbst mitgespielt, aber leider war keine Rolle für mich dabei.«

Alle lachten und dann ging es los. Andreas, das Hinterteil vom Esel, bückte sich und umklammerte Jussuf, das Vorderteil vom Esel. Laura krabbelte auf Andreas' Rücken und ritt dann als Maria auf einem Esel nach Betlehem vor den Altar.

»Viel Glück«, flüsterte Frau Reitemeier und drückte Tim seinen Wanderstab in die Hand, den dieser fast vergessen hatte. Auf der Kanzel stand schon Marlene und erzählte den Anfang der Geburtsgeschichte ins Mikrofon: »Es begab sich aber zu der Zeit, dass Maria und Josef nach Betlehem ritten, um sich zählen zu lassen.«
Marlene hatte einen Schnupfen und musste sich immer wieder die Nase putzen, damit sie nicht so durch die Nase sprach. Sie las weiter: »Maria trug ein Kind unter dem Herzen und das war das Jesuskind. In der Nacht kamen sie in Betlehem an und suchten eine Unterkunft.«
Das war das Stichwort für Tim. Tim, der bisher Maria auf ihrem wackeligen Esel hinter sich hergezogen hatte, blieb vor dem ersten Hotel stehen und klopfte an dessen Papptür: »Lasst uns herein, lasst uns herein, es ist so kalt in dunkler Nacht. Seid nicht gemein, seid nicht gemein. Wer hat für uns ein Bett gemacht?«
Frau Reitemeier kam verkleidet aus der ersten Herberge. Sie trug ein Kopftuch, hatte eine Schürze um und rief: »Wer kommt so spät noch angetrabt? Ihr kommt nicht rein, habt Pech gehabt!«
Nun war Laura dran. Nachdem die Frau sie abgewiesen hatte, fing sie an zu klagen: »Oh weh, oh weh, mir friert der Zeh.«
Tim zog den Esel zum nächsten Hotel und wurde wieder abgewiesen. Der Pfarrer stand neben der Kanzel und hätte so gerne mitgespielt.
Dann ging Tim zur dritten und letzten Herberge und wartete auf Einlass. Er klopfte an die Papptür und wollte gerade seinen Spruch aufsagen, als er mitten im Text stecken blieb. Er konnte gerade noch sagen: »Lasst uns herein, lasst uns herein ...«, dann fiel ihm nichts mehr ein.

Als Erste bemerkte Laura, dass irgendetwas nicht stimmte, und flüsterte: »Tim, was ist los? Warum sprichst du denn nicht weiter?«
»Ich habe meinen Text vergessen«, flüsterte Tim und blickte sich Hilfe suchend nach Frau Reitemeier um. Die schaute aus dem Fenster der dritten Herberge und flüsterte dauernd: »Es ist so kalt in dunkler Nacht«, und Tim sagte: »Ich bin so alt und werde acht.«
Laura traute ihren Ohren nicht.
»Was redest du denn für einen Quatsch?«, flüsterte sie.
»Ich weiß gar nicht mehr, was ich sagen soll«, sagte Tim.
Andreas und Jussuf fingen an zu wackeln. Laura als Maria wurde ihnen langsam zu schwer.
»Jetzt sag schon deinen Text«, hörte man Jussuf als vorderen Esel sagen. »Alle warten auf dich.«
Immer geht es um das Warten, dachte Laura.
»Wo bleibt dein Text?«, beklagte sich auch Andreas als dessen Hinterteil. »Laura wird uns zu schwer.«
»Seid still, ihr Esel«, schimpfte Tim, »ich denke ja schon nach, aber es fällt mir nichts mehr ein.«
Frau Reitemeier war plötzlich in der ganzen Kirche zu hören, als sie Tim laut den Text vorsagte: »Es ist so kalt in dunkler Nacht.«
Nun glaubte auch Tim endlich zu wissen, wie es weiterging, und schrie anstatt »Es ist so kalt in dunkler Nacht« »Ich hoffe nur, dass niemand lacht«.
Laura konnte nicht mehr, sie hatte so lange auf den richtigen Satz von

Tim gewartet, dass sie jetzt über den falsch verstandenen Satz wirklich lachen musste. Sie musste so laut lachen, dass auch Tim davon angesteckt wurde. Laura wackelte dabei so wild auf den beiden Eseldarstellern herum, dass diese sie nicht mehr halten konnten und rumpel di pumpel umkippten.
Ehe Frau Reitemeier helfen konnte, plumpsten sie gegen die Holzkrippe und rissen sie mit einem lauten Krawumm zu Boden.
»Was sollen wir nur machen?«, flüsterte Tim.
»Marlene, tu was«, rief Laura und stellte sich als Maria neben Tim.
Marlene räusperte sich und sagte am Mikrofon: »Und plötzlich hatten Maria und Josef keinen Stall und keine Krippe mehr und alle überlegten, was zu tun war.«
Der Pfarrer wusste, was zu tun war. Er stürmte zum Altar und stellte sich zwischen Maria und Josef. Sein Herzenswunsch ging in Erfüllung, so spielte er doch noch im Krippenspiel mit. Er sagte zu Maria und Josef: »Ihr könnt in meine Kirche kommen, dort habt ihr immer ein Zuhause.«
Andreas und Jussuf schauten aus ihren Eselskostümen hoch und fragten: »Auch die Esel?«
Der Pfarrer lachte: »Im Gotteshaus haben alle ein Zuhause, auch die Esel.« Da klatschte Frau Reitemeier und alle klatschten mit. So hatten Maria und Josef doch noch ein Zuhause gefunden und das Jesuskind konnte kommen.

18

Der falsche Schneemann

»Wie lange noch?«, fragte Laura und öffnete das achtzehnte Türchen ihres Adventskalenders. Auf dem Bild war ein Schneemann zu sehen. Laura lächelte und schlüpfte in ihr Bett.

»Wie oft muss ich noch schlafen?«, fragte Laura und kuschelte sich in ihre Kissen.

»Bis es Weihnachten ist, musst du noch sechsmal schlafen«, sagte Lauras Mutter.

»Was?«, schrie Laura. »So lange kann ich nicht warten.«

Lauras Mutter lächelte.

»Warte nur ab«, sagte sie. »Ich erzähle dir eine Geschichte, dann vergeht die Zeit wie von selbst.«

Und Lauras Mutter begann zu erzählen.

Es war einmal ein Mädchen, das hieß Laura. Laura konnte nicht gut warten. Eines Tages besuchte sie Tim. Er wollte ihr zeigen, wie man einen Schneeball wirft. Es lag zwar noch kein Schnee, aber wie man einen Schneeball wirft, kann man auch ohne Schnee üben.

»Das Wichtigste beim Schneeballwurf ist das Treffen«, sagte Tim und knüllte ein weißes Blatt Papier zusammen.

Sie wollten sich aus Papier und Watte ganz viele Schneebälle basteln, um damit das Werfen zu üben. Tims Vater war zu Hause und strich für das Weihnachtsfest das Wohnzimmer, deswegen saßen Tim und Laura in der

Küche und bastelten am Küchentisch. Tim hatte einen Stapel weißes Papier vor sich ausgebreitet und jeden Bogen knüllten sie zu schneeballgroßen Kugeln zusammen.
»Natürlich wirft man nur Schneebälle, die nicht hart wie Eis sind. Eine Schneeballschlacht soll allen Spaß machen und keinem richtig wehtun«, sagte Tim und bestrich die Papierballen mit Uhu, um sie danach in weicher Watte zu rollen.
In diesem Augenblick öffnete sich die Küchentür und Tims Vater kam aus dem Wohnzimmer. Laura staunte. Tims Vater trug eine Zeitungsmütze mit weißen Flecken, hatte einen weißen Overall an und ging zum Kühlschrank, um sich eine Packung Milch zu holen.
»Sie streichen das Wohnzimmer weiß, stimmt's?«, fragte Laura und Tims Vater lächelte, nahm einen großen Schluck Milch und machte sich wieder an die Arbeit. Tim und Laura auch.
»Ich kann es gar nicht erwarten«, sagte Laura zu Tim, »dass es endlich schneit. Die ganze Zeit warte ich schon auf den Schnee und er kommt nicht.«
Tim nickte und umwickelte einen neuen Papierball mit Watte. »Da kannst du warten, wie du willst«, sagte er, »davon kommt der Schnee auch nicht schneller.«
Laura seufzte.
»Aber ich habe mir doch vom Christkind einen Schlitten gewünscht, und wenn es nicht schneit, dann stehe ich ganz schön belämmert da.«
»Dann musst du mit deinen Eltern dorthin in die Ferien fahren, wo Schnee liegt«, sagte Tim, »dort kannst du deinen Schlitten gut gebrauchen.«
Laura hatte ihren letzten Schneeball fertig gebastelt und warf ihn auf Tim. Sie traf Tim an der Schulter, der sich sofort auch einen Papierschneeball nahm, auf Laura zielte und traf.
»Huiiih«, rief Laura und duckte sich zu spät.

»Man kann auch ohne richtigen Schnee eine Schneeballschlacht machen«, rief Tim und versteckte sich hinter einem Stuhl.
Tim hatte recht, immer nur auf Schnee zu warten wurde auch langweilig. Besser war eine Trockenschneeballschlacht in der Küche.
Tim nahm gerade wieder einen neuen Schneeball in die Hand.
»So geht eine Schneeballschlacht«, sagte Tim und warf den Ball auf Laura.
»Aua«, sagte Laura. »Und was mach ich, wenn ich genug habe und nicht mehr mitwerfen will?«
»Dann läufst du einfach weg und baust einen Schneemann«, sagte Tim lachend und warf wieder einen Schneeball nach Laura, die ihn mit beiden Fäusten wegboxte. Nun war die schönste Schneeballschlacht im Gange. Tim bewarf Laura und Laura bewarf Tim.
»Das ist ja wie im Winter«, freute sich Laura.
»Du kannst auch schon Schneeball werfen, als hättest du nie etwas anderes gemacht«, sagte Tim und klopfte Laura auf die Schulter.
»Nun habe ich aber genug vom Schneeballwerfen«, sagte Laura, »nun würde ich wirklich gerne einen Schneemann bauen.«
»Und wie willst du das in der Küche anstellen?«, fragte Tim und zielte mit einem Schneeball nach Laura.

Laura stand vor dem Regal mit den Zutaten, aus denen man Adventsplätzchen backen konnte. Tim nahm Schwung und warf den Schneeball volle Kanne in Lauras Richtung. Laura rief noch: »Der Ball fliegt zu hoch«, als sich die Küchentür öffnete und Tims Vater hereinkam. Der Schneeball traf inzwischen auf dem obersten Fach eine Riesentüte mit Mehl, die weit geöffnet war und holterdiepolter nach unten fiel. Laura konnte noch zur Seite springen, aber Tims Vater stand genau da, wo die offene Mehltüte hinwollte. Die Mehltüte landete auf seinem Kopf und staubte ihn von oben bis unten ein. Unbeweglich stand Tims Vater im dampfenden Mehl. Mit seinem weißen Overall und dem Mehl auf dem Kopf sah er aus wie ein Schneemann. Es fehlte eigentlich nur noch die Möhre im Mund.

»Da hast du nun deinen Schneemann«, flüsterte Tim Laura zu.

»Und du sagtest noch, dass man in der Küche keinem Schneemann begegnen wird«, flüsterte Laura Tim zu.

Tims Vater überlegte, ob er wütend werden sollte. Er klopfte sich mit beiden Händen vorsichtig das Mehl aus den Haaren und musste plötzlich niesen. Er schaute beide Kinder an und begann sich langsam zu bewegen. Erst langsam und dann immer schneller.

Die Kinder lachten.

»Papa, was machst du denn da?«, fragte Tim.

Tims Vater lachte.

»Wenn ich schon aussehe wie ein Schneemann, dann tanze ich auch einen Schneemannstanz.«

Laura nahm Tims Hand und tanzte mit.

»Dies ist der Tanz des Schneemanns beim Warten auf den Schnee«, sagte Laura und hoffte, der Tanz würde niemals enden.

19

Der Streit

»Wie lange noch?«, fragte Laura und öffnete das neunzehnte Türchen ihres Adventskalenders. Auf dem Bild war eine Taube zu sehen. Laura lächelte und schlüpfte in ihr Bett.
»Wie oft muss ich noch schlafen?«, fragte Laura und kuschelte sich in ihre Kissen.
»Bis es Weihnachten ist, musst du noch fünfmal schlafen«, sagte Lauras Mutter.
»Was?«, schrie Laura. »So lange kann ich nicht warten.«
Lauras Mutter lachte.
»Warte mal ab«, sagte sie. »Ich erzähle dir eine Geschichte, dann vergeht die Zeit wie von selbst.«
Und Lauras Mutter begann zu erzählen.
Es war einmal ein Mädchen, das hieß Laura. Laura konnte nicht gut warten. Eines Tages stritten sich ihre Eltern. Laura war gerade böse auf Rolfi, ihre Schildkröte, und wollte ihrer Mutter davon erzählen, als sie aus dem Badezimmer laute Stimmen hörte.
»Das kannst du doch nicht machen«, schrie ihre Mutter.
»Du weißt ganz genau, dass ich nichts dafür kann«, schrie ihr Vater zurück.
Laura blieb vor der geschlossenen Tür stehen und wusste nicht, was sie tun sollte. Sie trug Rolfi in beiden Händen und wollte ihm die Füßchen

abwaschen. Laura hatte eine Taube gemalt, die über einem Weihnachtsbaum durch einen schneienden Himmel flog. Dabei war Rolfi über ihr Bild gelaufen und hatte es verwischt. Rolfi hatte davon ganz blaue und grüne Füßchen bekommen und Laura wollte sie sauber machen. Natürlich war sie auf Rolfi böse, aber Füßchen abwaschen wollte sie ihm trotzdem. Laura hörte wieder die Stimme ihrer Mutter: »Du kannst uns doch zu Weihnachten nicht alleine lassen«, sagte sie.
»Was soll ich denn machen?«, gab ihr Vater zurück. »Außerdem ist ja Onkel Rolf da.«
Laura seufzte, sie hatte genug gehört. Ihr Vater würde es wieder nicht schaffen, am Weihnachtsabend zu Hause zu sein. Sie hatte doch dem Christkind geschrieben, dass sie sich zu Weihnachten nichts sehnlicher wünschte. Einmal sollte ihr Vater Heiligabend zu Hause sein.
»Herr Sanduhr ist krank geworden«, sagte ihr Vater, »und sie brauchen jemanden, der seine Tour fliegt, da sind sie auf mich gekommen.«
Lauras Mutter seufzte: »Das kannst du Laura nicht antun. Immer ist dieser Sanduhr krank und dabei ernährt er sich nur ungesund und isst zu wenig Vitamine.«
Der Streit war leiser geworden. Laura wollte ihren Eltern helfen, sie wusste nur nicht, wie. Laura drückte den Türgriff herunter und betrat das Badezimmer.
Lauras Mutter kämmte sich die Haare und ihr Vater stand daneben und schaute ihr dabei zu.

»Streitet ihr wieder?«, fragte Laura.
Lauras Mutter lächelte ihr zu. »Alle streiten sich mal, auch die Eltern«, sagte sie. »Das ist nicht so schlimm, wenn man sich nachher wieder verträgt.«
»Dann werde ich jetzt warten, dass ihr euch wieder vertragt«, sagte Laura und schaute ihren Vater an.
»Es ist nur so, dass ich Weihnachten wahrscheinlich nicht zu Hause sein kann«, sagte ihr Vater. »Mein Kollege, Flugkapitän Sanduhr, ist krank geworden und ich muss wahrscheinlich seine Maschine nach Mallorca fliegen.«
Laura setzte Rolfi ins Waschbecken.
»Ich weiß«, sagte Laura enttäuscht. »Er isst zu wenig Vitamine.«
»Ja«, sagte ihr Vater, »und wenn nicht ein Wunder geschieht, dann muss ich für ihn Heiligabend einspringen.«
Rolfi versuchte im Waschbecken nach oben zu krabbeln und zog dabei eine blaue und eine grüne Linie hinter sich her.
»Ich warte«, sagte Laura, »bis ihr euch wieder vertragt.«
Wie gebannt starrten Lauras Mutter und ihr Vater auf Rolfi.
»Was hat Rolfi denn gemacht?«, fragte Lauras Mutter grinsend.
»Das ist doch egal«, sagte Laura. »Ich möchte sehen, dass ihr euch wieder lieb habt, vorher erzähle ich nicht, was Rolfi gemacht hat.«
Lauras Eltern schauten sich an.
»So einfach ist das nicht«, sagte schließlich Lauras Mutter, »wenn man sich vertragen soll, dann muss man das auch wollen.«
Plötzlich fing Laura an zu weinen.
»Es ist schon schlimm genug, dass Papa Weihnachten nicht zu Hause ist«, weinte Laura. »Da muss man doch nicht auch noch schlechte Laune haben.«
Lauras Eltern schauten sich an. Schließlich gab Lauras Mutter Lauras Vater einen Kuss und dann umarmten sich beide.

»Und das alles nur, weil Herrn Sanduhr die Vitamine fehlen«, grummelte Laura und wusch Rolfi endlich die Füße.
»Nun sag schon«, drängelte Lauras Mutter, »was hat denn Rolfi nun gemacht?«
Laura trocknete Rolfi die Füße ab und sagte: »Wir haben auch Streit. Rolfi ist über mein Bild gekrabbelt und hat es dabei verwischt.«
»Dann warten wir jetzt darauf, dass du dich mit Rolfi auch wieder verträgst«, sagte Lauras Vater.
»Da kannst du lange warten«, schimpfte Laura. »Bei Rolfi und mir ist noch längst nicht alles geklärt.«

Laura lief in ihr Zimmer, holte das verwischte Bild mit der Taube und zeigte es ihren Eltern. Beide betrachteten das Bild, schließlich sagte ihr Vater: »Die Taube sieht aus, als wäre sie ein Huhn.«
Laura schaute auf ihr Bild und musste lachen. Tatsächlich, die Taube sah durch Rolfis Mithilfe so aus, als wäre sie ein Huhn. Laura gefiel das Bild, und als Rolfi aus seinem Panzer hochsah und den Kopf entschuldigend hin und her wiegte, war alles verziehen und vergessen.
Die Familie Leininger ging nach unten und hängte das Bild im Wohnzimmer an die Pinnwand. Dort hing es direkt neben dem Flugplan von Lauras Vater. Am 24. Dezember war ein Kreuzchen zu sehen und daneben stand »Vertretungsflug für Herrn Sanduhr«. Laura schaute von ihrem Bild auf den Flugplan ihres Vaters und seufzte. Ach, wenn Papa doch Weihnachten zu Hause wäre. Laura lächelte und dachte: Bestimmt passiert noch ein Wunder, und gab Rolfi, dem Mitmaler ihres Bildes, einen dicken Kuss auf den Panzer.

20

Vitamine für Herrn Sanduhr

»Wie lange noch?«, fragte Laura und öffnete das zwanzigste Türchen ihres Adventskalenders. Auf dem Bild war eine Apfelsine zu sehen. Laura lächelte und schlüpfte in ihr Bett.
»Wie oft muss ich noch schlafen?«, fragte Laura und kuschelte sich in ihre Kissen.
»Bis es Weihnachten ist, musst du noch viermal schlafen«, sagte Lauras Mutter.
»Was?«, schrie Laura. »So lange kann ich nicht warten.«
Lauras Mutter lachte.
»Warte mal ab«, sagte sie. »Ich erzähle dir eine Geschichte, dann vergeht die Zeit wie von selbst.«
Und Lauras Mutter begann zu erzählen.
Es war einmal ein Mädchen, das hieß Laura. Laura konnte nicht gut warten. Eines Tages besuchte sie Herrn Sanduhr. Ich kann doch nicht warten, bis Herr Sanduhr von alleine wieder gesund wird, dachte Laura. Ich werde ihm dabei helfen.
Herr Sanduhr war Flugkapitän wie ihr Vater und krank. Er lag mit einer dicken Grippe im Bett, hustete dauernd und die Nase lief ihm wie ein Wasserhahn. Weil Herr Sanduhr krank geworden war und keine Flugzeuge fliegen konnte, sollte Lauras Vater Heiligabend arbeiten und das passte Laura überhaupt nicht.

Sie wollte Herrn Sanduhr besuchen und ihm helfen.
»Ich wünsche mir schon die ganze Zeit, dass mein Vater Heiligabend zu Hause ist, und nichts passiert«, sagte Laura zu ihrem Freund Tim.
Tim war gerade dabei, ein Gedicht auswendig zu lernen. Er hatte seiner Mutter versprochen Weihnachten etwas Festliches aufzusagen und hatte sich für Onkel Rolfs Wartegedicht entschieden.
»Du musst mir helfen«, bat Laura ihren Freund, »alleine traue ich mich nicht Herrn Sanduhr zu besuchen.«
Tim schüttelte den Kopf. »Ich kann nicht mit«, sagte er. »Ich lerne gerade dieses Gedicht auswendig und kriege es einfach nicht in den Kopf. Tik tak, tik tak dideldum. Wer soll sich das denn merken?«
»Wenn du mir hilfst Herrn Sanduhr gesund zu machen«, sagte Laura, »dann helfe ich dir auch bei deinem Wartegedicht.«
Tim dachte nach und legte schließlich den Zettel mit dem Gedicht beiseite. »O.k.«, sagte er, »ich bin ganz Ohr.«
Laura hatte einen Plan. Sie wollte Herrn Sanduhr besuchen und ihm Apfelsinen und anderes Obst bringen, dann würde er sicher bald wieder gesund werden.
»Dem Mann fehlen einfach Vitamine«, sagte Laura und schüttete ihr Sparschwein aus.
»32 Cent«, murmelte Tim und zählte die Münzen noch mal, aber es blieben trotzdem nur 32 Cent.

»Bekommt man denn für 32 Cent eine Apfelsine?«, fragte Laura.
Tim wusste es nicht, da mussten sie Murat fragen. Murat hatte das Gemüsegeschäft am Ende ihrer Straße. Tim und Laura liefen zu Murat und kramten ihre Münzen aus den Taschen.
»Was macht ihr mit Apfelsine?«, fragte Murat und packte zu der Apfelsine noch eine Banane und einen Apfel in die Tüte.
Laura nahm die Tüte entgegen und sagte: »Wir wollen Herrn Sanduhr Vitamine bringen, damit er schnell wieder gesund wird.«
»Das ist eine gute Idee«, sagte Murat und packte den Kindern noch eine Apfelsine in die Tüte. »Wenn man krank ist, kann man nicht genug Vitamine essen.«
Tim wusste, wo Herr Sanduhr wohnte. Sein Vater hatte einmal bei Herrn Sanduhr die Küche gestrichen und Tim hatte ihm dabei geholfen. Herr Sanduhr wohnte nur eine Straße weiter und hatte eine Türklingel, die kaputt war.
»Herr Sanduhr«, riefen die Kinder laut, »Herr Sanduhr!«
Endlich hörten sie jemanden zur Tür schlurfen. Herr Sanduhr öffnete die Haustür und sah Laura und Tim vor sich.
»Was wollt ihr denn hier?«, fragte Herr Sanduhr.
Herr Sanduhr hatte einen Bademantel an und trug eine Wärmflasche vor dem Bauch.
»Wir wollen nicht warten, bis Sie von alleine gesund werden«, sagte Laura, »wir wollen Ihnen helfen.«
Obwohl Herr Sanduhr krank war, musste er lachen.
»Wie komme ich denn zu der Ehre?«, fragte Herr Sanduhr vergnügt und schlurfte wieder zu seinem Bett. Die Kinder liefen ihm hinterher und packten ihre Tüte aus. Da staunte Herr Sanduhr nicht schlecht, als er die Apfelsinen und das andere Obst auf seinem Bett sah.
»Ist denn heute schon Weihnachten?«, fragte Herr Sanduhr.
»Zum Glück noch nicht«, sagte Tim.

»Wir bringen Ihnen nämlich Vitamine, damit Sie bis zum Weihnachtsfest wieder gesund werden.«
Herr Sanduhr schälte sich eine Apfelsine und fragte: »Habt erst mal Dank, dass ihr euch um einen kranken Nachbarn kümmert, aber wie kommt ihr nur auf eine solche Idee?«

Während Herr Sanduhr die Apfelsine aß, erzählte ihm Laura von ihrem Wunschzettel und ihrem Wunsch, mit ihrem Vater und ihrer Mutter gemeinsam Weihnachten zu feiern.
Herr Sanduhr verstand. Solange er krank war, musste Lauras Vater ihn bei der Flugfirma vertreten und war dann Weihnachten nicht zu Hause.
»Dann muss ich schnell gesund werden«, murmelte Herr Sanduhr. »Es ist nur so, dass ich seit Tagen nicht schlafen kann, da ich immer wieder von meinem eigenen Gehuste wach werde. Wenn ich mal richtig schlafen könnte, dann ginge es mir bestimmt bald besser.«
»Wir werden jetzt hier warten, bis sie wieder gesund geworden sind«, sagte Laura und setzte sich mit Tim in einen großen Sessel am Ende des Bettes.
»Mir geht es schon viel besser«, sagte Herr Sanduhr. »Was mir jetzt noch fehlt, ist Ruhe und ein festliches Gedicht.«
Tim traute seinen Ohren kaum. Herr Sanduhr wollte ein festliches Gedicht hören?
Tim überlegte, was er noch von dem Gedicht wusste, das er für seine Mutter auswendig lernen sollte.

Laura stieß ihn an. »Los, trau dich!«, sagte sie und Tim begann sein Gedicht aufzusagen:

»Tik tak, tik tak dideldum
gehen die Sekunden um,
wenn sie sich stets sputen,
werden sie Minuten.
Und nach sechzig Runden
werden sie zu Stunden.
Vierundzwanzig hat der Tag,
wer die Nacht erwarten mag,
spricht ganz langsam dies Gedicht,
geht ins Bett und löscht das Licht.«

Tim hatte es überstanden. Er kannte jedes Wort und spürte, wie dabei die Zeit verging. Er war selbst überrascht, wie leicht ihm die Sätze aus dem Munde flossen. Als sie auf Herrn Sanduhr schauten, sahen sie, dass er eingeschlafen war. Leise gingen sie aus dem Zimmer und verließen das Haus.
»Jetzt können wir nur noch hoffen, dass Herr Sanduhr schnell wieder gesund wird«, sagte Laura.
»Und ich mein Gedicht bis Weihnachten nicht wieder vergessen habe«, sagte Tim. Laura lachte, Tim dann auch.

21

Das Winterfoto

»Wie lange noch?«, fragte Laura und öffnete das einundzwanzigste Türchen ihres Adventskalenders. Auf dem Bild war ein Fotoapparat zu sehen. Laura lächelte und schlüpfte in ihr Bett.

»Wie oft muss ich noch schlafen?«, fragte Laura und kuschelte sich in ihre Kissen.

»Bis es Weihnachten ist, musst du noch dreimal schlafen«, sagte Lauras Mutter.

»Was?«, schrie Laura. »So lange kann ich nicht warten.«

Lauras Mutter lachte.

»Warte mal ab«, sagte sie. »Ich erzähle dir eine Geschichte, dann vergeht die Zeit wie von selbst.«

Und Lauras Mutter begann zu erzählen.

Es war einmal ein Mädchen, das hieß Laura. Laura konnte nicht gut warten. Eines Tages beschlossen die Schneeflocken wieder einmal auf die Erde zu fallen.

»Ich zähle bis 350«, sagte die älteste Schneeflocke auf ihrer Wolke, »dann machen wir alles weiß. Diesmal muss es klappen.«

»Hat er 350 gesagt?«, fragte eine kleine Schneeflocke, die nicht richtig zugehört hatte.

»Ich glaube schon«, sagte eine andere Schneeflocke, die auch nicht alles verstanden hatte.

»Ich glaube, er hat was von Weißmachen erzählt«, schaltete sich eine Schneeflocke von der Nachbarwolke ein.
Auf jeden Fall, das Durcheinander war groß. Während die älteste Schneeflocke bereits zählte, setzten andere sich erst ihren Schneeflockensturzhelm auf und verstanden gar nichts mehr. So sprangen einige schon bei der Zahl 35, andere sprangen überhaupt nicht und einige genau dann, als die älteste Schneeflocke endlich bei der Zahl 350 angekommen war.

So kam es, dass Laura aus dem Fenster schaute und nur ein paar Schneeflocken heruntertanzen sah. Die Schneeflocken schmolzen schon beim Aufprall auf die Straße und auf dem Rasen blieb nur eine hauchdünne Schneedecke liegen.
»Liebe Schneeflocken, sagt allen Bescheid, dass ich mir einen Schlitten zu Weihnachten gewünscht habe«, flüsterte Laura der weißen Pracht zu. »Auf ein bisschen mehr Schnee warte ich schon.«
In dem Augenblick sah Laura einen Mann mit einem Fotoapparat, der unschlüssig vor ihrem Haus auf und ab ging und keine Fotos machte.
Laura konnte nicht länger warten. Schnell setzte sie die Pudelmütze auf, zog ihre Winterjacke an und lief in den Garten.
»Hurra«, rief sie in den Himmel und drehte sich dabei wie ein Kreisel.
Auch wenn es noch so zaghaft schneite, freute sie sich doch über den Besuch ihrer weißen Freunde. Sie öffnete weit den Mund und ließ die Flocken ihre Zunge kitzeln, bevor sie wieder schmolzen und neuen Schneeflocken Platz machten.
Der Reporter lief immer noch mit seinem Fotoapparat auf und ab und machte keine Fotos. Laura ging zum Gartenzaun und fragte den Reporter: »Warten Sie auch auf mehr Schnee?«
Der Reporter blieb stehen und sagte: »Ach weißt du, ich soll für die Weihnachtsausgabe meiner Zeitung ein schönes Winterfoto machen,

aber wenn es nur so beschei-
den schneit, weiß ich gar nicht, was ich fotografieren soll.«
Laura überlegte.

»Was wäre denn für Sie ein schönes Winterfoto?«, fragte sie. Der Reporter zeigte auf Lauras Garten und sagte: »Auf einem schönen Winterfoto ist ein Garten mit spielenden Kindern, die gerade einen Schneemann bauen und dabei lachend in die Kamera schauen.«

Laura lachte. »Haben Sie ein wenig Zeit?«, fragte sie den Reporter. Sie hatte einen Plan.

Laura lief zu ihrem Freund Tim, der vor seiner Haustür stand und gerade den Schnee von der Treppe in eine Schubkarre schippte.

»Hallo Tim«, rief Laura, »was machst du denn mit dem Schnee?«

Tim stützte sich auf die Schippe und verzog das Gesicht.

»Meine Mutter hat Angst, dass das bisschen Schnee die Treppe glatt macht und sich unser Briefträger auf die Nase legt.«

»Den Schnee brauche ich«, rief Laura, klatschte begeistert in die Hände und erzählte Tim von ihrem Plan. Der Reporter staunte nicht schlecht, als Laura und Tim eine Schubkarre den Bürgersteig entlangschoben. In der Schubkarre war der Schnee, den Tim von der Treppe gefegt hatte. Lachend schütteten die Kinder den Schnee in Lauras Garten und begannen, daraus Schneemänner zu bauen. Natürlich reichte der Schnee nicht, um einen Riesenschneemann zu bauen, aber für Zwergschneemänner war er ausreichend. Einen nach dem anderen stellten sie auf den Gartenzaun. Ehe der Fotograf »Knips« machen konnte, hatten sie eine ganze Zwergschneemannfamilie aufgebaut.

»Moment«, schrie Laura dem Reporter zu, der es kaum noch erwarten konnte, ein Foto zu machen. »Die Zwergschneemänner haben doch noch keine Hüte auf.«

Laura lief ins Haus und kam mit Streichhölzern und bunten Spielfiguren aus ihrem Hütchenspiel wieder. Aus den Streichhölzern bastelte sie Augen, Nase und Mund und die spitzen Hütchen setzte sie den Zwergschneemännern auf den Kopf. Danach stellten sich Tim und Laura hinter die Zwergschneemänner und lächelten den Reporter an.

»Ist nun alles so, wie Sie es sich gewünscht haben?«, fragte Laura.

Der Reporter war sprachlos.

»Ich weiß gar nicht, was ich sagen soll«, stammelte er.

»Sie sollen ja auch gar nichts sagen«, lachte Tim, »Sie brauchen einfach nur Ihr Winterfoto des Jahres zu schießen.«

Der Fotograf legte los und machte ein Bild nach dem anderen.

Lauras und Tims Eltern fiel am nächsten Morgen fast das Brötchen aus der Hand, als sie ihre Tageszeitung aufschlugen und in der Weihnachtsbeilage, neben dem Foto einer Eisenbahn, das Foto von ihren Kindern neben einer Zwergschneemannfamilie entdeckten. Das war ein Spaß.

22

Onkel Rolf kommt

»Wie lange noch?«, fragte Laura und öffnete das zweiundzwanzigste Türchen ihres Adventskalenders. Auf dem Bild war ein Zug zu sehen. Laura lächelte und schlüpfte in ihr Bett.

»Wie oft muss ich noch schlafen?«, fragte Laura und kuschelte sich in ihre Kissen.

»Bis es Weihnachten ist, musst du noch zweimal schlafen«, sagte Lauras Mutter.

»Was?«, schrie Laura. »So lange kann ich nicht warten.«

Lauras Mutter lachte.

»Warte mal ab«, sagte sie. »Ich erzähle dir eine Geschichte, dann vergeht die Zeit wie von selbst.«

Und Lauras Mutter begann zu erzählen.

Es war einmal ein Mädchen, das hieß Laura. Laura konnte nicht gut warten. Eines Tages wollte Onkel Rolf mit dem Zug kommen. Onkel Rolf kam immer am 22. Dezember, um dann über Weihnachten bei Leiningers zu bleiben. Und Laura freute sich schon sehr auf ihren Lieblingsonkel.

»Ich hole dich mit Mama vom Bahnhof ab«, sagte Laura, »dann helfen wir dir beim Tragen.«

Onkel Rolf hatte von unterwegs angerufen, um ihnen die Ankunftszeit seines Zuges mitzuteilen.

Laura ging sofort mit ihrer Mutter los. Sie wollten pünktlich am Bahnhof sein, um Onkel Rolf in Empfang zu nehmen.
Der Bahnhof war am Ende der Stadt. Laura und ihre Mutter mussten die große Detmolder Straße überqueren und dann durch den Park laufen. Endlich waren sie da.
Den Bahnhof schmückte ein beleuchteter Tannenbaum. Männer und Frauen liefen mit bunten Geschenkpaketen durch die Bahnhofshalle und suchten ihre Anschlusszüge.
Onkel Rolf sollte auf Gleis 4 ankommen. Laura zog ihre Mutter durch die Unterführung, bis sie auf Gleis 4 standen.
»Nun drängle doch nicht so«, sagte die Mutter, »wir haben noch Zeit.«
Laura schaute zu, wie auf den anderen Gleisen die Züge losfuhren, und wurde ungeduldig.
»Ich habe keine Zeit«, sagte Laura, »ich möchte Onkel Rolf abholen.«
Lauras Mutter lachte.
»Du bist genau wie Papa«, sagte sie, »der kann auch nicht warten.«
»Ich kann warten«, sagte Laura, »nur nicht so gut.«
In dem Augenblick wurde Laura durch eine Bahnhofsdurchsage unterbrochen.
»Die Westfalen Bahn Altenbeken-Paderborn hat voraussichtlich zwanzig Minuten Verspätung. Wir bitten um Ihr Verständnis!«
Lauras Mutter seufzte. »Oh nein«, sagte sie.
»Was ist denn los?«, fragte Laura.
»Der Zug mit Onkel Rolf kommt erst zwanzig Minuten später«, sagte Lauras Mutter und ging die Treppe zur Unterführung hinunter.
Laura lief ihr hinterher.
»Und was heißt das?«, fragte sie.
Lauras Mutter ging zum Brotshop neben dem Weihnachtsbaum und wollte sich einen Kaffee holen.
»Das heißt, dass du zeigen kannst, wie gut du im Warten bist«, sagte sie.

»Ich werde auf jeden Fall einen Kaffee trinken.«
Laura schaute sich im Bahnhof um. Sie überlegte, was sie in den zwanzig Minuten bis zur Ankunft ihres Onkels machen konnte.
Auf der anderen Seite vom Weihnachtsbaum war eine Foto-Fix-Bude. Da konnte man sich hineinsetzen und Passbilder machen lassen. Man warf einfach 2 Euro durch den Schlitz und dann knipste der Apparat viermal.
Laura fragte ihre Mutter: »Mama, gibst du mir Geld, dass ich mich in der Foto-Fix-Bude fotografieren lassen kann?«
Lauras Mutter stand an einem Stehtisch im Backshop und trank ihren Kaffee. Sie schaute auf die große Bahnhofsuhr und gab Laura die 2 Euro für den Automaten.
Laura drehte den Stuhl hoch, setzte sich drauf und warf das Geld in den Schlitz. Sie wollte vier Fotos machen, auf denen sie aussah wie Onkel Rolf, und sie ihm dann schenken. Sie schaute nach oben, wie Onkel Rolf es immer tat, und hielt sich den Daumen ihrer rechten Hand unter die Nase. Weil sie schwarze Handschuhe anhatte, sah der Daumen unter

ihrer Nase so aus wie der schwarze Schnurrbart von Onkel Rolf. Sie schaffte es sogar, mit ihrer linken Hand ein rundes Brillenglas um das linke Auge zu zaubern und mit dem Zeigefinger der rechten Hand das andere runde Brillenglas anzudeuten. Mit ihren schwarzen Handschuhen sah es aus, als würde sie die Brille von Onkel Rolf mit dem schwarzen Gestell tragen. Es blitzte viermal. Laura ging nach draußen, um die Fotos in Empfang zu nehmen. Über der Fotoausgabe war zu lesen »Bitte fünf Minuten bis zur Herausgabe der Fotos warten«.

Lauras Mutter kam dazu, stellte sich vor die Foto-Fix-Bude und betrachtete sich im Spiegel.

»Alles ist Warten«, sagte sie. »Alles ist Warten.«

Endlich rutschten die Fotos durch die Öffnung. Viermal Laura, die aussah wie Onkel Rolf.

Im Bahnhof hörte man wieder eine Durchsage: »In wenigen Minuten fährt auf Gleis 4 die Westfalen Bahn von Altenbeken nach Paderborn ein. Vorsicht an der Bahnsteigkante!«

Laura nahm ihre Fotos und lief mit ihrer Mutter wieder durch die Unterführung zum Gleis 4. Bald kam der Zug und stoppte. Alle Türen gingen auf und Reisende mit Geschenkpaketen kamen heraus und suchten den Ausgang. Laura und ihre Mutter ließen alle an sich vorbeigehen, aber ein Onkel Rolf war nicht dabei.

Wieder ertönte die Lautsprecherstimme: »Willkommen in der Universitätsstadt Paderborn. Steigen Sie bitte alle aus. Der Zug endet hier.«

»Was machen wir denn jetzt?«, fragte Lauras Mutter.

»Wir müssen Onkel Rolf suchen«, sagte Laura. »Er hat uns doch aus dem Zug angerufen. Dann muss er auch irgendwo dort sein.«

»Wir müssen den Schaffner suchen«, sagte Lauras Mutter bestimmt und lief bis an den Anfang des Zuges, konnte aber keinen Schaffner entdecken. Sie lief zurück zu Laura, die aus der Bahnhofshalle kam und sich dort noch einmal umgeschaut hatte.

»Wir müssen alle fragen, ob sie Onkel Rolf gesehen haben«, sagte Laura.
»Wie sollen denn die Menschen wissen, wie Onkel Rolf aussieht?«, sagte Lauras Mutter und schüttelte den Kopf.
Laura dachte nach. Sie hatte doch die Fotos machen lassen, auf denen sie versucht hatte genauso auszusehen wie Onkel Rolf. Die Fotos konnten ihr helfen. Aus einem der hinteren Wagen stieg gerade der Zugschaffner aus.
Schnell lief Laura zu ihm hinüber und hielt ihre Fotos hoch.
»Haben Sie meinen Onkel Rolf gesehen?«, fragte Laura.
Der Schaffner schaute sich die Bilder ganz genau an. Auf einmal zeigte er auf den letzten Wagon, direkt hinter der Lokomotive.
»Genau«, sagte der Schaffner. »Das Gesicht kam mir gleich bekannt vor. Dort im letzten Wagon habe ich den Mann gesehen.«
Sie liefen alle zu dem Wagon.
»Er trägt eine schwarze Brille und hat einen schwarzen Schnurrbart, wie du auf dem Foto.«
Alle drei stiegen in den Wagon und gingen von Abteil zu Abteil. Sie wollten gerade aufgeben, als sie im letzten Abteil ein Schnarchen hörten. Dort fanden sie den schlafenden Onkel Rolf in seinem grünen Försteranzug. Laura gab ihm einen Kuss und Onkel Rolf wurde wach.
»Da bist du ja«, sagte Laura und umarmte ihren Lieblingsonkel.
»Was?«, murmelte der. »Sind wir schon da?«
»Natürlich«, sagte der Schaffner, »die Bahn kommt zwar spät, aber sie kommt.«

Laura drückte ihrem Onkel Rolf die vier Fotos in die Hand.
»Du siehst ja aus wie ich«, sagte Onkel Rolf nach einem Blick auf die Passbilder.
»Zum Glück«, sagte der Schaffner, »sonst hätten wir Sie nie gefunden.«
Onkel Rolf holte sein Gepäck aus dem Gepäcknetz und dann gingen sie gemeinsam nach Hause.
»Frohes Fest«, rief ihnen der Schaffner nach.
Hoffentlich, dachte Laura und hakte sich bei Onkel Rolf ein.

23

Tik tak, tik tak dideldum

»Wie lange noch?«, fragte Laura und öffnete das dreiundzwanzigste Türchen ihres Adventskalenders. Auf dem Bild war eine Uhr zu sehen. Laura lächelte und schlüpfte in ihr Bett.

»Wie oft muss ich noch schlafen?«, fragte Laura und kuschelte sich in ihre Kissen.

»Bis es Weihnachten ist, musst du noch einmal schlafen«, sagte Lauras Mutter.

»Was?«, schrie Laura. »So lange kann ich nicht warten.«

Lauras Mutter lachte.

»Warte mal ab«, sagte sie. »Ich erzähle dir eine Geschichte, dann vergeht die Zeit wie von selbst.«

Und Lauras Mutter begann zu erzählen.

Es war einmal ein Mädchen, das hieß Laura. Laura konnte nicht gut warten. Eines Tages bekam sie ein Paket. Laura saß in ihrem Zimmer und freute sich so auf das Weihnachtsfest, dass sie vor lauter Freude ganz erschöpft war. Eigentlich sollte sie ihr Zimmer aufräumen, aber auch dazu war sie zu müde. Da lag sie lieber auf ihrem Hochbett und starrte an die Decke. Plötzlich hörte sie ihre Mutter von unten rufen: »Laura, die Post ist da, du hast ein Paket bekommen.«

Laura lief nach unten. Wer sollte ihr ein Paket schicken? Lauras Mutter drückte ihr das Paket in die Hand. Es war klein und vorne drauf stand:

»Laura Leininger« und »Vorsicht, Glas!«.
Die Mutter holte aus der Küche eine Schere. Vorsichtig zerschnitten sie das Band und öffneten das Paket.
»Das ist eine Sanduhr«, sagte Laura. »Jemand hat mir eine Sanduhr geschickt.«
Wer sollte das sein? Auf dem Paket stand kein Absender und im Paket war kein Brief mit einem Namen. Die Sanduhr war in ein Papier eingewickelt, auf dem nur stand: »Die Sanduhr geht wieder.«
Laura dachte nach. Was sollte denn das heißen, »Die Sanduhr geht wieder«?, war denn die Sanduhr kaputt gewesen? Laura stellte die Sanduhr auf den Kopf, sodass der Sand nach unten rieseln konnte.

»Tik tak, tik tak dideldum
gehen die Sekunden um,
wenn sie sich stets sputen,
werden sie Minuten.
Und nach sechzig Runden
werden sie zu Stunden.
Vierundzwanzig hat der Tag,
wer die Nacht erwarten mag,
spricht ganz langsam dies Gedicht,
geht ins Bett und löscht das Licht.«

Es stimmt, dachte Laura. Die Zeit vergeht schneller, wenn man etwas tut, als wenn man nichts tut und wartet.
Sie wusste nur immer noch nicht, wer ihr die Sanduhr mit dieser geheimnisvollen Botschaft geschickt hatte. Plötzlich klingelte das Telefon. Laura und Rolfi rannten zum Apparat, aber Laura war schneller.
»Laura Leininger«, sagte Laura in den Hörer.
»Hallo Schatz«, hörte sie die Stimme ihres Vaters. »Stell dir vor, es ist etwas Wunderbares passiert.«

Laura wusste sofort, was Wunderbares passiert war.
»Ich werde morgen zu Hause sein«, sprach ihr Vater weiter.
Lauras Mutter war ins Zimmer gekommen und konnte mithören, da die Lautsprechertaste am Telefon eingeschaltet war. Sie gab Laura Zeichen, dass sie auch etwas sagen wollte.
»Mama will dir etwas sagen«, sagte Laura in den Hörer und gab ihn an ihre Mutter weiter. Lauras Mutter nahm den Hörer und bekam kein Wort heraus, so sehr freute sie sich über die Nachricht.
»Stell dir vor«, sagte Lauras Vater, »Herr Sanduhr ist gesund geworden und so brauche ich ihn nicht mehr zu vertreten.«
»Das ist ja wunderbar«, flüsterte Lauras Mutter endlich und schickte in den Hörer einen Kuss.
Onkel Rolf war endlich aufgestanden und kam in seinem Schlafanzug ins Wohnzimmer.

»Was ist das denn hier für ein Geküsse?«, fragte er.
»Stell dir vor, Herr Sanduhr ist wieder gesund geworden«, flüsterte Laura, »und Papa kann morgen zu Hause sein.«
»Die alte Sanduhr geht wieder, dann muss sie aber viele Vitamine gefuttert haben«, lachte Onkel Rolf.
Auf einmal wusste Laura, wer ihr die Sanduhr geschickt hatte. Herr Sanduhr hatte sie geschickt, um ihr auf diese Weise zu sagen, dass er gesund geworden war. Lauras Mutter hatte inzwischen aufgelegt, nahm Laura und Onkel Rolf vergnügt an die Hand und dann tanzten sie gemeinsam um Rolfi, die Schildkröte, herum.

Wenn das Christkind kommt

»Wie lange noch?«, fragte Laura und öffnete das vierundzwanzigste und letzte Türchen ihres Adventskalenders. Auf dem Bild waren Maria, Josef und das Kind in der Krippe zu sehen. Laura lächelte und nahm ihre Mutter in den Arm.
»Wie oft muss ich noch schlafen?«, fragte Laura und horchte auf den Herzschlag ihrer Mutter.
»Bis es Weihnachten ist, musst du keinmal mehr schlafen«, sagte ihre Mutter, »denn heute ist Weihnachten.«
»Was?«, schrie Laura. »Jetzt, wo ich so gut warten kann, gibt es nichts mehr, worauf ich warten kann?«
Lauras Mutter lachte.
»Doch«, sagte sie. »Ich erzähle dir noch eine Geschichte, dann erfährst du, ob alle Wünsche wahr geworden sind.« Und Lauras Mutter begann zu erzählen.

Es war einmal ein Mädchen, das hieß Laura. Laura konnte nicht gut warten. Eines Tages wurde Laura wach und es war endlich Weihnachten. Vor ihr stand ihr Vater. Er war direkt vom Flughafen gekommen und sagte: »Frohes Fest, mein Schatz, da bin ich.«
Laura sprang ihm aus ihrem Hochbett entgegen und drückte sich an ihn. Es pikste ein wenig, weil ihr Vater nicht rasiert war, und Laura hoffte,

das Christkind würde ihm einen Rasierapparat bringen. Laura schaute ihrem Vater direkt über die Schulter und sah aus der Balkontür heraus. Da war doch was. Tatsächlich, Laura rieb sich die Augen: Es schneite! Mehr noch, der Garten war schneebedeckt, Baum und Strauch sahen aus wie eingepudert.

Danke, dachte Laura und ließ sich von ihrem Vater in die Küche tragen. Der Tannenbaum stand nicht mehr auf der Veranda und Rolfi, ihre Schildkröte, sah irgendwie so schön aus.

Komisch, dachte Laura, dass ich vergessen hatte, wie schön Rolfi ist.

Laura war glücklich. Das Warten hatte sich gelohnt. Alle ihre Wünsche waren in Erfüllung gegangen.

Sie hatte sich gewünscht, dass ihr Vater Weihnachten nicht arbeiten musste und bei ihnen zu Hause war. Jetzt saß er ihr gegenüber und schmierte ihr ein Butterbrot. Sie hatte sich gewünscht, dass es so doll schneien würde, dass sie Schlitten fahren konnte. Jetzt schaute sie auf die weiße Welt und konnte es gar nicht abwarten, mit ihrem Freund Tim eine Schneeballschlacht zu machen. Jetzt fehlte nur noch der dritte Wunsch, ein Schlitten.

Am liebsten hätte Laura sofort im Bescherungszimmer nachgeschaut, aber das war abgeschlossen.

Ihre Mutter kam mit Onkel Rolf in die Küche und sagte: »Papa und Onkel Rolf gehen mit dir nachher in den Kindergottesdienst, und wenn du dann wiederkommst, ist Bescherung.«

Laura biss in ihr Nutellabrot und dachte: Tik tak, tik tak dideldum, und lachte.

Endlich war es so weit. Alle warteten auf das Christkind, als sie ein leises Bimmeln hörten. Es kam aus dem Raum, in dem die Bescherung stattfinden sollte.

»Ich glaube, ich hab etwas gehört«, sagte Lauras Mutter.

Wirklich, wenn man genau hinhörte, konnte man immer noch das leise

Bimmeln vernehmen. Hinter Laura waren Onkel Rolf und ihr Vater getreten. Onkel Rolf trug Rolfi in der Hand. Alle hatten sich festlich angezogen. Onkel Rolf kniete sich in seinem grünen Försteranzug hin und schaute durch das Schlüsselloch.

»Ich glaube, das Christkind ist da gewesen«, flüsterte er. »Sollen wir mal nachschauen?«
Alle wollten ins Zimmer laufen, da rief Laura plötzlich: »Stopp! Zuerst singen wir noch ein Weihnachtslied, oder?«
Alle schauten Laura verwundert an.
»Jetzt habe ich so lange auf diesen Moment gewartet«, flüsterte sie, »da kommt es auf ein Lied mehr oder weniger auch nicht mehr an.«
Doch nach dem Lied hielt sie nichts mehr. Laura stürmte in den Raum, und was sah sie vor dem Tannenbaum stehen? Einen grinsenden Onkel Rolf neben einer Portion Pommes frites aus Marzipan. Daneben lag ein neues Kleid und eine Tüte Brause für Papa.
Dann entdeckte sie ihren wahren Wunsch. Groß und breit stand er vor ihr und wartete darauf, ausprobiert zu werden: Lauras neuer Schlitten. Juchhu!

»Wie lange noch?«, fragte Laura am nächsten Tag.
Ihre Mutter zog sie gerade auf dem neuen Schlitten über den frisch gefallenen Schnee. Sie waren auf dem Weg zum Monte Scherbelino und wollten den Bergen zeigen, was eine Abfahrt ist.
»Wie oft muss ich noch schlafen, bis wieder Weihnachten ist?«, fragte Laura.
Lauras Mutter glaubte ihren Ohren nicht zu trauen.
»Du willst schon wieder wissen, wann Weihnachten ist? Dafür muss es erst noch einmal Frühling, Sommer, Herbst und Winter werden.«
Laura lachte.
»So lange kann ich warten«, sagte sie.

Von Erwin Grosche ist bei Gabriel unter anderem erschienen:

Achtung, Wutüberfall
Felicitas, Herr Riese und die Zehn Gebote
Felicitas, Herr Riese und das Vaterunser

Grosche, Erwin:
In 24 Tagen ist Weihnachten
ISBN 978 3 522 30261 6

Einband- und Innenillustrationen: Heike Herold
Einbandtypografie: Michael Kimmerle
Texttypografie: Marlis Maehrle
Satz: KCS GmbH, Buchholz/Hamburg
Schrift: Meridien, Fontleroy Brown NF
Reproduktion: Photolitho AG, Gossau/Zürich
Druck und Bindung: Livonia Print, Riga

Dies ist eine überarbeitete Neuausgabe des 2003 erschienenen Buchs »Weiß, weißer, Weihnachten«.

5 4 3 2 1° 11 12 13 14

www.gabriel-verlag.de

O du schöne Weihnachtszeit

Tanja Jeschke
Das große Familienbuch für die Weihnachtszeit
208 Seiten
ISBN 978 3 522 30177 0
Ab 6 Jahren

Vom ersten Advent bis Mariä Lichtmess am 2. Februar gibt es viele kleine und große Feste zu feiern. Da wird gebacken und gebastelt, gesungen und geschmückt: Woher diese Traditionen kommen und wie man sie in der Familie ganz neu entdecken und feiern kann, erfährt man in diesem wertvollen Begleiter für die Weihnachtszeit von Tanja Jeschke und Marlies Busch.
Mit noch nie gelesenen Geschichten, originell erzählten Szenen der Weihnachtsgeschichte, Rezepten, Bastel- und Geschenkideen, Liedern und Gedichten.

Was wirklich zählt
www.gabriel-verlag.de

GABRIEL